Erika Urner

Häuser erzählen Geschichten

Die Bedeutung
des Hauses
in der
Kinderzeichnung

verlag pro juventute

Herstellung: Manfred Neugebauer
Lektorat: Thomas Minssen
© verlag pro juventute Zürich 1993
Alle Rechte, auch die des auszugsweisen Nachdrucks
und der fotomechanischen Wiedergabe, vorbehalten.
ISBN 3 7152 0275 0

Inhalt

Einführung 7
Die Kinderzeichnung 7
Die Bedeutung des Hauses in der
Kinderzeichnung 8
Spielen, eine Vorbereitung fürs
Zeichnen 8
  *Die Rolle des Spiels in der
  Entwicklung des Kindes* 9
  Häuser bauen 10
  *Das Spiel als diagnostisches und
  therapeutisches Hilfsmittel* 10

Zur Betrachtung von Kinderzeichnungen 11
Gesamteindruck 11
Darstellungsstil 12
  Material 12
  Ausführung und Zeitaufwand 14
  Raumgestaltung 14
  Graphische Ausführung 15
  Was ist Bewegung? 15
  Vom Kritzeln zum Zeichnen 16
  *Symbole (Linie, Vertikale, Kreuz,
  Mittelpunkt, Diagonale, Viereck,
  Dreieck, Kreis, Spirale)* 16
  Der Strich 20
  Die Flächenbehandlung 20
  Die Gestaltung der Formen 20
  Farben 21
  Wie Farben verwendet werden 21
Bildinhalt 22
  Wahl der Motive 22
Interpretation 22

Das Haus als Symbol 25
Das Haus, ein Gefäss für unser Leben 25
Wie sich das Haus entwickelt 26
Das Dach 27
  Zur Entwicklung der Dachkonstruktion 28
Verschiedene Bauwerke 29
  Höhle 29
  Schloss – Burg 30
  Zelt 31
  Turm 32
  Kirche 32
Der Baukörper und seine
Ausgestaltung 34
  Die Fenster 35
  Die Fassade 38
  Eine übermalte Hauswand 39
  Die Türe 40
  Häuser mit zwei Türen 41
  Ein buntes Dach 42
  *Haus mit Dachtraufe und
  Seelenfenster* 42
  Das Seelenfenster 44
  *Der Rauch (Schönwetterräuchlein,
  Kritzelrauch, Rauchkreis, Weihrauch,
  Rauchschleifen, Rauchpunkte, Kerze mit
  Flamme, Rauchlinie, Rauchketten,
  Rauchfaden, Rauchmütze)* 45

**Das Haus in tiefenpsychologischer
Sicht** 51
Das Traumhaus 52
  Ein ungewöhnliches Traumhaus 54
Die Persönlichkeitsstruktur 56
  Vitalität, Selbstwertgefühl, Ichstärke 56
  Ichschwäche 57
  *Entwicklungsstand aus Mangel an
  Geborgenheit* 57
  Extraversion – Introversion 58
Geborgenheit 60
Das Haus als erster Lebensraum

Ein zentraler Konflikt 62
Eine verdrängte Konfliktsituation 64

Die Schulreife 66
Schulreife 66
Schulunreife 67
   Merkmale in der Hauszeichnung für die Schulreife 68

Lern- und Leistungsstörungen 69
Verschiedene Lernstörungen 69

Geistige Behinderungen 69
Lernmethoden 69
Ungünstige Erziehungseinflüsse 70
Wahrnehmungsstörungen 70
Pseudodebilität 71
Teilleistungsschwächen 74
Autismus 71

Schlusswort 78

Literatur 79

Wie wohnen die Kinder auf der Erde

Manches Kind wohnt auf dem Lande
Manches wohnt im 10. Stock
Manches Kind wohnt nah beim Strande
Manches wohnt im Neubaublock.

Manches wohnt in einem Walde
Manches wohnt beim Wüstenrand
Manches bei der Abfallhalde
Manches vor der Bergeswand.

Manches wohnt in einer Kammer
Manches wohnt in einem Schloß
Manches wohnt in Not und Jammer
Manches froh und sorgenlos.

Aber kommst du mich nun fragen,
Wo die beste Wohnung ist,
Kann ich's mit vier Wörtern sagen:
Wo du glücklich bist!

James Krüss

Einführung

Die Kinderzeichnung

In seinen Zeichnungen läßt uns das Kind an seiner persönlichen Geschichte teilhaben. Wir lernen dabei seine Persönlichkeit als ein vielschichtiges Ganzes kennen. Wir erhalten Einblick in seine Empfindungs- und Erlebnisfähigkeit. Es offenbart uns seine Gemütswelt und weist auf die Ausprägung seiner intellektuellen Fähigkeiten hin. Intensität und Richtung der Vitalkräfte (Extraversion, Introversion) werden ersichtlich. Im spontanen Selbstausdruck werden immer wieder Darstellungen des Unbewußten sichtbar.

Das Kleinkind, welches noch völlig dem magischen Denken verhaftet ist, gestaltet seine Motive nicht nach objektiven Gesetzen. Es zeichnet ganz aus seinem subjektiven Erleben heraus. Positive und negative Gefühle werden auf die Objekte übertragen. So befreit sich die Seele von belastenden Erfahrungen. Das Kind benützt diese Ausdrucksmittel, weil ihm Worte fehlen oder weil es über ein Problem nicht sprechen kann. Nicht nur in der Motivwahl, sondern auch im graphischen Niederschlag gibt uns das Kind ein Bild seiner augenblicklichen Befindlichkeit.

Weil Kinder sehr oft die wahrgenommene Wirklichkeit nicht in ihrer Realität abbilden, sondern ihre gefühlsmäßige Beziehung zum Ausdruck bringen, müssen wir uns zuerst mit den Aussagemöglichkeiten der Bildsprache vertraut machen, ehe wir die Botschaften, die an uns gerichtet sind, verstehen können. Wir müssen unser Auge und unsere innere Aufnahmebereitschaft für all das schulen, was nur angedeutet erscheint, scheinbar vergessen wurde oder sonstwie «aus dem Rahmen des Bildes herausfällt».

Es sind immer viele Einzelheiten, die als Hinweiszeichen zu Bedeutungsträgern werden. Analogien und Assoziationen sollen Ergebnisse liefern, um in einer Gesamtschau eine Deutung zu ermöglichen. Niemals darf ein einzelnes Merkmal dazu verleiten, ein voreiliges Urteil abzugeben. Erst nachdem eine sorgfältige Prüfung aller Einzelmerkmale und Erscheinungsbilder stattgefunden hat, kann es sich zeigen, ob der Eindruck, der von einem hervorstechenden Detail ausgeht, einer Deutung standhält oder zugunsten anderer, überzeugenderer Eigenschaften an Bedeutung verliert. Um eine aufschlußreiche Beurteilung einer Zeichnung zu gewinnen, muß immer die Gesamtsituation, in der sich das Kind befindet, berücksichtigt werden. Der graphische Ausdruck wird nicht nur durch die individuelle Struktur des Kindes geprägt, sondern auch durch verschiedene umweltbedingte Geschehnisse.

Die augenblickliche Stimmungslage, die Lust- und Unlustgefühle, der Gesundheitszustand oder einschneidende freudige oder belastende Erlebnisse beeinflussen das Kind beim Zeichnen. Während der Schulzeit sind es Vorlagen, die Art und Weise der Stoffvermittlung oder auch das Schulklima, die besonders auf die gestalterischen Ausdrucksleistungen eine nachhaltige Wirkung ausüben.

Nicht alle Zeichnungen eignen sich für eine Beurteilung. Es muß berücksichtigt werden, daß Zeichnen für manche Kinder nicht das geeignetste Ausdrucksmittel ist.

Eine umfassende und zuverlässige Deutung setzt voraus, daß man sich im Umgang mit den Gewohnheiten und Eigenarten der Kinder vertraut macht. Nur wer durch Beobachtungen, Spiel und Gespräch Einblick in die Kinderwelt gewinnen kann, wird ihre Sprache verstehen und deuten lernen.

Die Bedeutung des Hauses in der Kinderzeichnung

Der Ursprung von Erziehungs- und Lebensschwierigkeiten liegt häufig im familiären Umfeld dessen, was ein Kind in seinen ersten Lebensjahren erfährt. Zuwendung oder Vernachlässigung, Geborgenheit oder Schutzlosigkeit, Liebe oder Ablehnung sind für die Entwicklung und Persönlichkeitsbildung jedes einzelnen entscheidende Voraussetzungen.

Diese Grunderfahrungen erlebt das Kind zunächst im kleinen intimen Umkreis der Familie, im schützenden Haus. Wie prägend sich das häusliche Klima auf die Gemütsentwicklung des Kindes auswirkt, ist längst bekannt. Ebenso bestimmen die Art und Weise des täglichen Umgangs miteinander die späteren sozialen Kontakte.

Die jahrelange Arbeit mit Kinderzeichnungen hat gezeigt, daß in Spontanzeichnungen von kleineren Kindern das Haus zu den beliebtesten Motiven gehört. Mit der Hauszeichnung vermag das Kind zwei Hauptaussagen zu machen: Es gewährt uns zum einen Einblick in die Art und Weise, wie es Geborgenheit, Zuwendung und zwischenmenschliche Kontakte erlebt. Zum andern zeigt sich, vor allem bei Vorschulkindern und Unterstufenschülern, die Körperbefindlichkeit. Körper, Geist und Seele bilden beim gesunden Kind dieser Altersstufe noch eine Einheit. Kinder reagieren und verarbeiten ihre täglichen Erfahrungen über den Körper. Neben der Menschenfigur ist es in der Zeichnung der *Hauskörper,* der uns in seinen vielgestaltigen Ausdrucksmöglichkeiten Informationen liefert, ob sich ein Kind gesund, glücklich und geborgen fühlt, oder ob es uns auf seelische Nöte, Ängste, Entwicklungsstörungen oder Schulschwierigkeiten aufmerksam machen will.

Kinder zeichnen sehr willig Häuser und empfinden dies als leichte Aufgabe. In den meisten Fällen gestalten die Kinder auch die Umgebung des Hauses. Eine Sonne, Menschen, Tiere und Pflanzen, manchmal ein Garten bereichern die Hauszeichnung und ermöglichen zusätzliche Aussagen.

Haus- und Landschaftszeichnung werden so zu geeigneten Projektionsträgern persönlicher Erfahrungen und liefern für viele Fragestellungen in der Erziehungsberatung oder bei Schulproblemen schlüssige Auskünfte.

Je leichter die Kinder die ihnen gestellte Aufgabe empfinden, um so spontaner werden die Zeichnungen, wodurch sie an Aussagekraft gewinnen.

Das Haus gehört zu den beliebtesten und vertrautesten Objekten im Erlebnisraum des Kindes. In der Hauszeichnung kann das Kind viele Inhalte aus seinem Erlebnisbereich darstellen.

Spielen, eine Vorbereitung fürs Zeichnen

> Spiele, lieblicher Knabe,
> Noch ist Arkadien um dich,
> Und die frohe Natur
> Folgt nur dem fröhlichen Trieb.
> *Friedrich Schiller*

Kinder spielen während vieler Stunden am Tag. Ihre Neugierde, Unbekanntes zu erforschen, Spannung und Befriedigung zu erleben, werden im Spiel erfahren und bilden so entscheidende Schritte in ihrer Entwicklung. Spielen wird um seiner selbst willen ausgeübt. Es verfolgt keinen bestimmten Zweck, sondern entspricht einem tiefen menschlichen Bedürfnis.

Bevor das Kind mit den ersten Zeichnungsversuchen beginnt, die auch spielerisch vollzogen werden, beschäftigt es sich mit allem, was ihm zur Verfügung steht. Als erstes Objekt dient dem Säugling der eigene Körper, später sind es Gegenstände aus seiner näheren und weiteren Umgebung, gleichgültig, ob es Spielsachen sind, oder Objekte, die sonst durch Gestalt und Farbe, Klang oder Bewegung die Aufmerksamkeit des Kindes auf sich ziehen oder zum Hantieren anregen.

Die Rolle des Spiels in der Entwicklung des Kindes
Spielen erlaubt dem Kinde, neu entdeckte Fähigkeiten zu üben. Im Spielen erlebt das Kind einen Schonraum, es wird noch nicht mit der ganzen Realität der Außenwelt konfrontiert. Es kann den Spielverlauf selber steuern und ihn damit immer so weit der Realität anpassen, als es diese auch zu bewältigen vermag. Anpassung und Bewältigung an eine Situation ermöglichen neue Entwicklungsschritte. Das Spiel bildet auf jeder Lebensstufe eine Ebene, die zu einem fast unbegrenzten Experimentierfeld wird für die mannigfaltigsten Problemlösungen. Der Säugling und das Kleinkind, die beim Spielen noch den gesamten Körper einsetzen, erfahren dabei die vielseitigsten Sinneswahrnehmungen, die für eine umfassende Entwicklung des Gehirns und der damit verbundenen Leistungen von zentraler Bedeutung sind.

Im Spiel werden später die Auseinandersetzung mit der Umwelt geprobt und soziales Verhalten geübt. Dies sind wichtige Voraussetzungen für die Ausbildung einer gesunden Persönlichkeit.

In einer weiteren Entwicklungsphase erfordern Spiele Planung, Kombinationsgabe, die Fähigkeit, aus Fehlern Schlüsse zu ziehen, und in wiederholten Versuchen nach neuen Lösungen zu suchen. Dadurch werden die intellektuellen und emotionalen Anlagen gefördert.

Zu den spielerischen Betätigungen gehören das Zeichnen und Malen. Ausprobieren, wiederholen und korrigieren werden auch im Zeichnen geübt. Spiele werden unzählige Male wiederholt. In der Wiederholung entwickelt sich Übung, das Kind gewinnt Sicherheit. Auch hier hat das Kind das Bedürfnis, ein Objekt, das ihm gelungen ist, zu wiederholen. Durch Lob, das ihm Erwachsene spenden, wird es dazu angespornt. Ein Motiv kann sich so über längere Zeit halten. In der stetigen Wiederholung verfeinert das Kind die Technik, gewinnt Routine, entwickelt Formvereinfachungen oder entdeckt phantasievolle Erweiterungen Dieser Gestaltungsprozeß sollte nicht unterbrochen werden. Ein gesundes und normales Kind wechselt das Thema von alleine, wenn es erschöpfend behandelt ist.

Wenn der zeichnerische Prozeß stagniert oder in klischeehaften Schablonen erstarrt, kann das unter Umständen ein Zeichen für Intelligenzarmut oder Phantasielosigkeit sein. Es ist für die zeichnerischen Leistungen von geistig Behinderten typisch, daß sie einen gewissen Reifegrad erreichen, diesen dann aber nicht weiter entwickeln können. Durch phantasievolle Techniken können aber bescheidenste Darstellungen zu ausdrucksvollen Gestaltungen werden. Das Traumhaus in Seidenpapiercollage, eines 13/6 Jahre alten mongoloiden Jungen, spricht dafür. (S. 19)

Diese kurze Darstellung der Bedeutung

9

des Spiels für die Persönlichkeitsentwicklung des Kindes zeigt, daß in einem ungehinderten Spielgeschehen die entscheidenden Grundlagen gelegt werden für eine erfolgreiche Lebensbewältigung. Was der Erwachsene oft leichthin als Spiel abtut, wird vom Kind als ernsthafte Arbeit erlebt und gewertet.

Ich erinnere mich noch sehr gut an meine Vorschulzeit. Zuammen mit meiner um ein Jahr jüngeren Schwester spielte sich – vor allem im Winter – immer derselbe Ritus ab: Nach dem Frühstück, wir wußten, daß der Vater bereits früher zur Arbeit weggegangen war und die Mutter die Hausgeschäfte besorgte, begaben wir uns in die Stube, um, wie es mir schien, nun unsere Arbeit aufzunehmen. Zu Beginn zählte ich immer in derselben Reihenfolge die verschiedenen Spielmöglichkeiten auf, aus denen wir dann nach gründlichem Abwägen unsere Wahl trafen. Noch heute erinnere ich mich an die Aufzählung: «Bäbele, mütterele, verchrömerle, schüelerle...»

Häuser bauen

Innerhalb der verschiedenen Spieltechniken, kommt dem Häuser- und Hüttenbauen eine ganz besondere Beliebtheit zu. Kinder sind unglaublich erfinderisch, wenn es gilt, aus einfachsten Materialien und Gegenständen, die sich am Spielort oder in der nächsten Umgebung anbieten, Hütten und Behausungen zu bauen. In diesem Tun scheint sich ein Urbedürfnis zu zeigen. Die Kinder schaffen sich eine eigene kleine Welt, durch die sie sich nach außen gegen die Welt der Erwachsenen abgrenzen. Hier sind sie Herr und Meister und können in diesem geschützten Raum ihrer Phantasie freien Lauf lassen. Für die Entwicklung eines gesunden Selbstwertgefühls ist es wichtig, daß das Kind die Möglichkeit hat, eigene Bezirke zu gestalten, die auch vom Erwachsenen respektiert werden. Wenn wir später bei der Betrachtung der Zeichnungen sehen werden, daß uns das Kind mit der Ausgestaltung des Hauses ein Bild gibt, wie sicher oder schwach es sich fühlt, wird uns der Zusammenhang zwischen autonomer Eigenwelt und gesundem Selbstwertgefühl klarer.

Neben dem Hüttenbauen ist das Haus auch als Konstruktionsspiel ein beliebtes Objekt. Mit Bauklötzen Türme und Häuser zu bauen, gehört für eine gewisse Zeit zu den bevorzugten Spielen des kleineren Kindes. Im Aufeinandertürmen und Aneinanderreihen ist das Kind sein eigener Baumeister, der die Welt spielerisch neu erschafft. Nicht alles gelingt auf Anhieb. Türme fallen zusammen. Die Arbeit beginnt von vorne, es muß nach einer neuen Lösung gesucht werden. Eine solche Situation schafft eine Herausforderung, die verschiedene Bereiche anspricht: Verarbeitung eines Mißerfolgs, Förderung der manuellen Geschicklichkeit, Neuplanung und Ausdauer. Das Kind übt so Arbeitsabläufe und setzt sich mit Prozessen auseinander, ohne die später keine erfolgreichen Lernschritte möglich sind.

Das Spiel als diagnostisches und therapeutisches Hilfsmittel

Das Spiel bietet dem Kind Gelegenheit, Probleme anschaulich darzustellen. Es verarbeitet Erlebnisse und Erfahrungen des täglichen Lebens oder befreit sich von innern Nöten. Im Spiel vollzieht sich ein natürlicher Verarbeitungsprozeß, auf den vor allem stark beeindruckbare und sensible Kinder angewiesen sind. Ähnlich wie wir das später in den Zeichnungen sehen werden, projiziert das Kind seine persönliche Situation ins Spiel und eröffnet uns so seine Freuden, Ängste und Konflikte.

Damit liefert es uns ein diagnostisches Hilfsmittel zur Erfassung von Problemen verschiedenster Art, aber auch zur Erkenntnis seiner Persönlichkeitsstruktur. Das Spiel als Prozeßablauf verschwindet jedoch und kann nur mittels Video aufgezeichnet und festgehalten werden. Demgegenüber hat die Zeichnung den Vorteil, daß sie als fixierte Spur erhalten bleibt.

In der Psychotherapie hat das Spiel mit verschiedensten Materialien und Ausdrucksformen einen festen Platz im Heilungsprozeß. Spielen fördert die schöpferische Auseinandersetzung mit der Welt. Im Spiel vereinigen sich gefühlsmäßige, körperliche und geistige Aspekte. Spielen bildet die Grundlage für eine gesunde Entwicklung und ungestörtes Lernen.

Zur Betrachtung von Kinderzeichnungen

Eine sorgfältige und umfassende Bildbetrachtung gliedert sich in vier Abschnitte: Gesamteindruck, Darstellungsstil, Bildinhalt, Interpretation.

Die Zeichnungen der 7/3 Jahre alten RONA und des 6/8 Jahre alten FLORIAN (S. 13) sollen als Grundlage dienen, um die verschiedenen Schritte der Bildbetrachtung aufzuzeigen. Bei RONA handelt es sich um eine Spontanzeichnung ohne Themenangabe, während FLORIAN aufgefordert wurde, ein Haus, eine Sonne und einen Menschen zu zeichnen.

Gesamteindruck

Zu Beginn lassen wir die Zeichnung in ihrer Gesamtheit auf uns wirken. Wir versuchen etwas von der Stimmung aufzunehmen, die vom Bild ausgeht. Dies läßt uns Einblicke in die Gefühlswelt gewinnen, in der sich das Kind befand, als die Zeichnung entstand.

Für das bessere Verständnis und um Fehldeutungen zu vermeiden, benötigen wir nähere Angaben über die Umstände, welche das Kind möglicherweise beim Zeichnen beeinflußt haben. Es interessiert uns, ob das Kind ein prägendes Erlebnis verarbeitet, ob es gesund oder krank ist. Es besteht ein Unterschied, ob ein Thema gestellt wurde, oder ob das Kind einfach frei, aus Freude am gestalterischen Tun zeichnet. Diese Informationen, die uns etwas über die Motivation aussagen, sind mitverantwortlich für die Atmosphäre, welche sich in der Zeichnung ausdrückt. Die Zeichnung ist eine *Momentaufnahme*.

RONA befindet sich offenbar in einer zufriedenen Verfassung. Zeichnen bereitet ihr Spaß, denn sie genießt es, mit Farben und Formen zu spielen. Eine reiche Ausgestaltung, wie bei der Sonne, unterstreicht das noch. Die Zeichnung wirkt harmonisch. Das spüren wir am besten, wenn wir die Augen über das Blatt spazieren lassen. Unser Blick wird nirgends durch etwas Auffallendes aufgehalten.

Anders bei FLORIAN. Das schwarze Dach und der übermäßig große Rauch ziehen sofort unsere Aufmerksamkeit an. Ebenso auffallend ist die rote Strichmännchenfigur. Während RONA die einzelnen Elemente harmonisch über den ganzen Blattraum verteilt, läßt FLORIAN die linke Blatthälfte frei. Durch die einseitige Nutzung ist das Gleichgewicht gestört. Diese Darstellungsweise zwingt uns innezuhalten und nachzuprüfen, was mit diesem Hinweis gemeint sei. Die Erfahrung hat gezeigt, daß verschiedene Ursachen in Frage kommen. Wie im Kapitel über die Wahrnehmungsstörung noch näher ausgeführt wird, liegt in diesem Übersehen des linken Blattraums häufig ein erster Hinweis für eine solche Störung. So wie ich FLORIANS Geschichte kenne, drängt sich die Vermutung auf, daß er sich beim Malen des Rauchs so vergaß, daß dieser immer stärker und mächtiger wurde. Dieser Vorgang weist auf eine Art An-Ort-Treten, Perseverieren, hin, was sich dann einstellt, wenn die Aufmerksamkeit des Zeichners von einem belastenden oder drängenden Problem absorbiert wird.

Zu einer ersten Einschätzung gehört auch der Vergleich des Alters mit der Reife der Zeichnung. Hier können, wie wir später noch sehen werden, erhebliche Abweichungen stattfinden. (Vgl. dazu die Tabellen S. 14.) RONA stellt alle Elemente bis auf das Haus altersgemäß dar. Das eher hohe, schmale Haus entspricht den Darstellungen, wie wir sie vom Kindergarten her kennen. Von einer Erstkläßlerin dürften wir hier etwas mehr erwarten, dies vor allem deshalb, weil die gut proportionierte Menschenfigur über das Alter hinausweist.

Gerade das Umgekehrte treffen wir bei FLORIAN an. Sein Haus entspricht den Anforderungen, die für die Schulreife gelten. Dafür fehlen der Menschenfigur das Gesicht, die Hände sowie die Ausgestaltung des Oberkörpers. Das einfarbige Strichmännchen mit Hut wird beinahe zur Karikatur. Zeichnen scheint nicht zu FLORIANS Lieblingsbeschäftigungen zu gehören, beschränkt er sich doch auf die geforderten drei Gegenstände, ohne weitere Zutaten oder Ausschmückungen.

Was dem Kind wichtig ist, wird durch Größe, Plazierung, Farbgebung oder reiche Ausgestaltung hervorgehoben und aufgewertet. Durch Verkleinern oder Weglassen wird abgewertet.

Verzerrungen wirken besonders ausdrucksstark und weisen uns auf eine mögliche Störung hin.

Zeichnungen enthalten immer wieder Gegenstände, die wir nicht erkennen. Oder wir sind erstaunt, wenn ein Element auftritt, das nach unserem Verständnis scheinbar nicht ins Bild paßt. Da ist es wichtig, daß wir uns Erklärungen geben lassen. So können falsche Deutungen vermieden werden. Bei Hauszeichnungen von älteren Kindern erkundigen wir uns, um wessen Haus es sich handelt bzw., wer es bewohne. Anmerkungen sollten immer auf der Rückseite der Zeichnung oder auf einem separaten Blatt gemacht werden. Nie in eine Zeichnung hinein schreiben!

Darstellungsstil

Material
Wenn das Kind frei wählen kann, entscheidet es sich entweder für Material, das ihm zur Verfügung steht, oder es greift zu den Utensilien, die ihm vertraut sind. Wie wir nachher sehen werden, läßt die Wahl der Stifte bereits einige Schlüsse über bestimmte Wesenszüge zu. Sensible und gefühlsbetonte Kinder bevorzugen feine, weiche Stifte. Wer gerne exakte, detailreiche Darstellungen liebt, verwendet Filzstifte, Knaben bevorzu-

FLORIAN, 6/8 JAHRE (S. 11ff., 34f., 56f., 65)

RONA (S. 11ff., 34f., 49)

gen in der Mittelstufe und später häufig Bleistiftzeichnungen. Dies entspricht ihrem Bedürfnis, sachlich, nüchtern und exakt darzustellen.

Ausführung und Zeitaufwand
Aus der Darstellungsweise kann der ungefähre Zeitaufwand abgelesen werden. Eine reiche oder bescheidene Arbeit gibt nicht in jedem Fall Auskunft über den wirklichen Zeitaufwand. Strichgestaltung, Behandlung von Flächen, geschickte oder mißlungene Formen müssen mitberücksichtigt werden. Manchen Kindern gelingt im ersten Anlauf nichts. Sie wenden das Blatt oder benötigen neues Material. Häufige Korrekturen wirken sich ebenfalls auf die Arbeitsdauer aus.

Hinter diesem Verhalten steckt Unsicherheit, aber auch der Wunsch, eine gute Leistung zu vollbringen. Wer rasch und vielleicht auch flüchtig arbeitet, ist entweder nicht motiviert oder hat Mühe, sich in Ruhe zu konzentrieren und sich mit einer Sache gründlich auseinanderzusetzen.

Raumgestaltung
In seinen ersten Zeichnungen verteilt das Kind die einzelnen Gegenstände wahllos über das ganze Blatt. Sobald die Gerade hinzukommt, wird der Raum gegliedert, unterteilt. Während zunächst der untere Blattrand als Boden dient, ersetzt das Kind mit sechs bis sieben Jahren die Bodenlinie durch eine Bodenfläche, auf die die Gegenstände pla-

oben
Geist, Intellekt
Ich-Projektionen

	oben links	*oben rechts*	
links	Heimweh	Projekte	*rechts*
Innenwelt	Regression	Pläne	Außenwelt
Introversion		Aktivitäten	Extraversion
Vergangenheit			Zukunft
Rückzug			Fortschritt
Tradition	*unten links*	*unten rechts*	Männlichkeit
Weiblichkeit	Konflikte	Bedürfnisse	Aktivität
Passivität	Fixierungen auf	Tendenz zur Erde	Zuwendung
	frühere Entwicklungs-	Eigensinn	
	stufen		

unten
Instinkte, Erde
Materialismus
Ichrealisation
Unbewußtes, Archaisches

ziert werden. Am obern Blattrand malt das Kind nun häufig ein Stück Himmel aus, an dessen unterem Ende die Sonne erscheint. Dadurch wird der Raum unterteilt.

Durch Größe, Farbe oder zentrale Stellung im Raum betont das Kind die ihm wichtig erscheinenden Gegenstände. Nebensächliches verschwindet in den Hintergrund oder wird mit weniger Detailsorgfalt ausgestaltet.

Befinden sich mehrere Elemente auf einer Zeichnung, kann es von Bedeutung sein, was wo plaziert wird, ob sich Konzentrationen ergeben und dadurch Leerräume entstehen (FLORIAN) oder die Raumaufteilung durch ungewöhnliche Anordnungen auffällt. Näheres dazu in den Beispielen.

Graphische Ausführung

Bewegung ist die Voraussetzung für jeden graphischen Niederschlag. Erste Lust- und Unlustäußerungen zeigt ein Säugling durch Bewegungen: ob er strampelt oder ob er – mittels Ausdrucksbewegungen seines Mienenspiels – lacht oder weint. Bewegungen sind ursprünglichste Ausdrucksformen von Leben. Damit es zu solchen Ausdrucksäußerungen kommt, müssen Empfindungen erfahren und empfunden werden. Dies wiederum setzt voraus, daß das Kind in einer Umgebung lebt, die ihm solche Erfahrungen ermöglicht.

In einer Tagebuchaufzeichnung aus dem Jahre 1919 stellte Johannes Itten die Frage: «Wie entsteht aus Bewegung Form? In der Empfindung zeigt sich die Welt als Bewegung am reinsten. Kann ich Empfindung formen, kann ich Bewegung, Wesenheit formen...» Bewegung ist die Vorläuferin der Form. Dies sollte uns vor allem beim Schreibenlernen in der Schule viel bewußter sein.

Empfindung als Voraussetzung für Bewegung meint denselben Vorgang wie ihn Piaget darstellt, wenn er Wahrnehmung als Ursprung und Ausgangspunkt aller geistigen Prozesse bezeichnet, welche für den Aufbau von Intelligenz ausschlaggebend seien.

Was ist Bewegung?

In diesem Ausdruck steckt das Wort Weg. Wer sich bewegt, verändert eine eingenommene Position oder legt eine Wegstrecke zurück. Freiwillig geschieht das nur, wenn der neue Ort genügend Anziehungskraft hat oder neue Erfahrungen verspricht. Sich auf ein neues Ziel zuzubewegen, kann aber auch dann notwendig werden, wenn der alte Ort nicht mehr genügend Anreize bietet oder gar Unbehagen auslöst. Sich bewegen heißt aktiv sein, dabei drückt sich Selbständigkeit aus. Aktivität und Selbständigkeit ermöglichen es, eine bestehende Situation zu verändern, einen Prozeß in Gang zu bringen oder weiterzuentwickeln. Wo verändert wird, kann Neues geschaffen werden, findet ein Lernprozeß statt. Der Unternehmende beteiligt sich an einem schöpferischen Akt.

Wenn das Kleinkind mit ungefähr zwei Jahren seine ersten Bewegungsspuren zieht, verwendet es dazu anfangs alles, was sich anbietet: Wasser, Sand, Nahrungsmittel, Farben, Stifte. Diese Bewegungsspuren werden genauso wie Hüpfen, Springen, Laufen durch die Grobmotorik ausgeführt. Ausprobieren, Üben und später Beherrschen der Motorik ist ein lustvoller Prozeß, der entscheidende Körpererfahrungen liefert, ohne die keine natürliche Entwicklung möglich ist.

Kritzeleien, Zeichnungen und Schriftzeichen bleiben als visuelles Bild bestehen. So kann die Mitteilung immer wieder betrachtet und mit späteren Arbeiten verglichen werden. Die Reaktionen der Erwachsenen beeinflussen die Freude an gestalterischen Prozessen. Anerkennung und Ermunterung fördern den Antrieb und ermutigen zu neuem Tun.

Der Austausch von Mitteilungen ist ein menschliches Urbedürfnis. Mit Bildern und Texten haben Menschen zu allen Zeiten über ihre Erlebnisse erzählt und den Nachkommen Aufzeichnungen überliefert. Die Vorstufe des verbalen und später des schriftlichen Austauschs ist die nonverbale Kommunikation.

Es ist mir wichtig, daß wir uns dieser ursprünglichen Entwicklungszusammenhänge bewußt werden. Nur auf diesem Hintergrund können die Aussagen der Symbole, ihre Bedeutung, aber auch die Abweichungen von den Grundformen richtig erfaßt werden. Deuten und Verstehen kann erst dann einsetzen, wenn die Entwicklungsschritte gründlich nachvollzogen sind.

Vom Kritzeln zum Zeichnen

Erste Versuche zu schreiben oder zu zeichnen, wie sie das ungefähr zweijährige Kind vornimmt, entstehen aus Freude an der Bewegung. Die motorische Komponente steht im Vordergrund, hinzu kommt das Erlebnis, etwas Eigenständiges, Sichtbares zu produzieren, das von der Umgebung wahrgenommen werden kann. Aufmunterndes Lob treibt zu eifrigem neuen Tun an. Zu den ersten Bewegungsrichtungen gehören weitgespannte Pendelbewegungen in vertikaler, etwas später in horizontaler Richtung. In einer weiteren Phase wird das Papier durch meist wenig abgesetzte Kreiskritzel oder Kritzelknäuel gefüllt. Sobald die grobmotorischen Bewegungen durch die fortschreitende Entwicklung der Feinmotorik eingegrenzt werden, kann ein Bewegungszug unterbrochen und wiederaufgenommen werden. Die Einzelbewegung erlaubt später die Gestaltung von Grundformen. Zu diesen zählen *der Kreis, die Spirale, Kreuzungen, Dreiecke, Vierecke*. Wenn in den ersten Kritzeleien solche Gestaltungen auftreten, handelt es sich noch keineswegs um beabsichtigte Darstellungen. Sie lassen erkennen, daß sich die Feinmotorik entwickelt und differenziert. Es ist ein Einüben von Elementen, die später im Zeichnen und Schreiben Anwendung finden. Die genannten Urformen wiederholen sich nicht nur in Kinderzeichnungen aus aller Welt, sie sind auch in prähistorischen Felszeichnungen anzutreffen. In dieser Parallele drückt sich zweierlei aus:

Erstens ist zu erkennen, daß die Entwicklung der Feinmotorik bei den beiden Beispielen dieselben Stufen durchlaufen. Zweitens weist die Verwendung derselben urtümlichen Formen darauf hin, daß es sich um den Niederschlag archetypischer Grundstrukturen handelt, in denen sich Innen- und Außenwelterfahrungen des Menschen ausdrücken.

Symbole

Die Stationen, welche das Kleinkind in seinen ersten graphischen Ausdrucksformen durchläuft, beruhen auf ältesten Vorgaben. Diese sind, wie es die Tiefenpsychologie C. G. Jungs darstellt, im kollektiven Unbewußten aufbewahrt. Die Tiefenpsychologie spricht vom archetypischen Symbol.

In urtümlichen Bildern wird all das dargestellt, was die Seele des Menschen seit Jahrtausenden erlebt hat: die Übermacht von Naturgewalten, das Spiel der Elemente, Werden, Sein und Vergehen alles Lebendigen, der Wechsel der Jahreszeiten, der Lauf der Gestirne. Diese Grundelemente wiederholen sich in jedem Dasein.

Die ewige Wiederkehr dieser seelischen

Erfahrungen und Vorgänge verdichtet sich im archetypischen Symbol. Das Symbol wird so zu einem Bedeutungsträger, der die Vergegenwärtigung von Inhalten erlaubt, die auf andere Weise nicht darzustellen sind.

Immer wiederkehrende Situationen schaffen typische Verhaltensweisen, die in Ausdrucksbewegungen sichtbar werden. Im graphischen Niederschlag, insbesondere in den Urformen Linie, Dreieck, Viereck, Kreis und Spirale finden diese Inhalte einen allgemeinverständlichen Ausdruck.

Die Linie. Das Hauptelement jeder zeichnerischen Darstellung ist die Linie. Wie schon erwähnt, gliedert das Kind den Zeichnungsraum mit der *Waagrechten.* Boden und Himmel erscheinen meist als Streifen. Es liegt im Wesen der Waagrechten, daß sie als Handlungsebene zum Schauplatz wird. Mit einer Waagrechten wird der Zeitablauf dargestellt (Vergangenheit, Gegenwart, Zukunft). Sie dient als Gesprächsebene, auf der die Beteiligten gleichberechtigt nebeneinander auftreten, wie auf einer Bühne.

Die Vertikale. Die Verbindung von oben und unten, Höhe und Tiefe entspricht dem männlichen, schöpferisch aktiven Prinzip. Aus der senkrechten Auf-und-ab-Bewegung entstehen die ersten Menschenfiguren, die Kopffüßler. Aus waagrechten, senkrechten und diagonalen Linien wird das Haus konstruiert. Je nachdem, ob bei den einzelnen Objekten die Horizontale oder die Vertikale vorherrschen, überwiegen das rezeptive, mehr weibliche Prinzip, oder das männliche, aktiv herrschende Prinzip.

Das Kreuz. Abgesehen vom Fensterkreuz, dem eher eine untergeordnete Bedeutung zukommt, bietet das Haus wenig Gelegenheit zu Kreuzdarstellungen. Ausdrucksvoller sind *Kreuzungen,* wie sie sich in der Form von Fenstervergitterungen zeigen (vergittertes Fenster im Haus von FLORIAN). Kreuzungen, aus waagrechten und senktrechten Linien gebildet, erinnern in ihrer Bedeutung an den Ausdruck «durchkreuzt werden», d. h. in seinen Plänen oder seinem Tun immer wieder verhindert zu werden. Gitter verunmöglichen aber auch eine freie Kommunikation. Hinter Gittern ist man gefangen.

Der Mittelpunkt. Zieht man in Gedanken auf einem Zeichnungsblatt die beiden Mittellinien, so entsteht ein Kreuzungspunkt. Die einzelnen Objekte erhalten je nach Plazierung in einem der vier Quadranten eine besondere Bedeutung (Tab., S. 14). Verteilen sich die einzelnen Motive harmonisch über den ganzen Zeichnungsraum, tritt die Bildmitte möglicherweise etwas in den Hintergrund. Fällt eine Darstellung in der Bildmitte aber durch Größe oder Farbgebung besonders auf, verlangt dies besondere Aufmerksamkeit. Es kann sich dann um einen Inhalt handeln, mit dem sich das Kind besonders intensiv auseinandersetzt.

Die Abbildungen auf den S. 63 und 72 verdeutlichen das. Bei DOROTHEE ist es die schwarze Tür, bei ARMIN die schwarze Garage und bei RENATE der fehlende Mund.

Die Diagonale. Sie verbindet Gegensätzliches, kann aber auch auf Spannungen hinweisen. FLORIAN stellt sein Strichmännchen mit diagonal gespreizten Beinen dar. Fürs erste kann das heißen, daß er mit dieser Position Beachtung verlangt. Die Spannung, die er mit dieser Haltung zum Ausdruck bringt, könnte ein Hinweis dafür sein, daß er sich betont Geltung verschaffen möchte, dies um so mehr, als das Strichmännchen mit seinen kurzen Armen ohne Hände recht hilflos wirkt. Die breite Standfläche, die die Menschenfigur durch diese Beinstellung für sich in Anspruch nimmt, findet im breiten Hauskörper eine Entsprechung.

Das Viereck. Es wird aus geraden Strecken und rechten Winkeln gebildet und umschließt eine Fläche, begrenzt diese und steckt einen Raum ab. Stabilität, Ordnung und Schutz gehen von dieser Umgrenzung aus. Diese Form findet sich nirgends in der Natur. Sie entsteht durch Gestaltungen des Menschen, der ein Stück Land oder Wohnraum für sich in Besitz nimmt. Auf diese Weise grenzt sich der einzelne gegen seine Nachbarn ab und schafft damit klare Besitzverhältnisse. Dies ist ein Vorgang, der Bewußtsein und Selbstverwirklichung demonstriert. Im Gegensatz zum Kreis, der in verschiedenen Kulturen und Religionen als Symbol für den Himmel steht, ist das Viereck ein Bild für die Erde. In der babylonischen Keilschrift sowie in der ägyptischen Hieroglyphenschrift steht das Viereck als Zeichen für Haus oder Bau.

Das Dreieck. Es wird gebildet aus der waagrechten Grundlinie und zwei Diagonalen, die sich über der Basislinie wie zu einer Dachform zusammenfinden. In den einfachen Hausformen der Kinder, gebildet aus einem viereckigen Unterbau (das Viereck als Symbol für das Materielle, vom Menschen konstruierte) und der dreieckigen Dachform, einem Symbol für das Geistige, werden diese beiden Grundformen zusammengefügt. Das gleichseitige Dreieck erhält im Christentum als Trinitätssymbol eine besondere Bedeutung. Dem Auge im Dreieck als Gottessymbol werden wir im Kapitel über das Seelenfenster wiederbegegnen. Mit den dynamischen Diagonalen der nach oben strebenden dreieckigen Hausdächer geben Schüler ihrem Ehrgeiz Ausdruck. (SÄMI, S. 60.)

Der Kreis. Die Kreislinie, die in sich selbst zurückführt, wird zum Symbol der Einheit, Ganzheit und Vollkommenheit. Sie ist ohne Anfang und Ende und steht damit für Zeit und Ewigkeit. Im Runden ist aber auch die Gebärde des Umfassens und Schützens enthalten.

In seinem Vorwort zu der «Kreis als Symbol» schreibt Manfred Lurker:

«Der Kreis gehört zu den ältesten Symbolen der Menschheit und läßt sich von den Felsbildern der Steinzeit bis zu den Werken der modernen Kunst in allen Epochen als bedeutungsträchtiges Bild nachweisen. In der künstlerischen Gestaltung wie auch im Glauben, Dichten und Denken ist er ein immer wiederkehrendes Motiv, häufig abgewandelt zum Ring, Rad, Kranz oder in die dreidimensionale Kugel transponiert. Dabei zeigt sich, daß der Kreis nicht nur von außen dem Menschen gegenübertritt, sondern daß er bereits urbildhaft im Innern seiner Seele verankert ist. Ohne sich dessen im einzelnen immer bewußt zu sein, ist es doch durch alle Jahrtausende die tiefste Sehnsucht des Menschen, durch einen Zusammenfall der beiden Kreismittelpunkte – des göttlich durchwalteten Weltenkreises und des eigenen Lebenskreises – erlöst zu werden aus der Disharmonie und ‹Eckigkeit› unseres Daseins und Soseins.»

Wenn das Kind seine ersten Häuser als Kreisformen bildet, heißt dies: Das Haus, in dem es Zuwendung und Geborgenheit der Eltern erfährt, bedeutet ihm die ganze Welt. (Vgl. Abb. S. 28.) Erste Hauszeichnung eines 3/6 Jahre alten Knaben. (Abb. S. 19.) Traumhaus eines 13/6 Jahre alten, geistig behinderten Jungen, der dazu erklärte: Er (Figur links) besuche die Lehrerin, er habe eine Treppe gezeichnet, die hinführe.

Die Spirale. Die fortlaufende Bewegung der Spirale veranschaulicht einen organischen Ablauf, der auf Lebens- und Wachstumsprozesse hinweist. Das Keimende, Werdende, das sich entrollt und entwickelt.

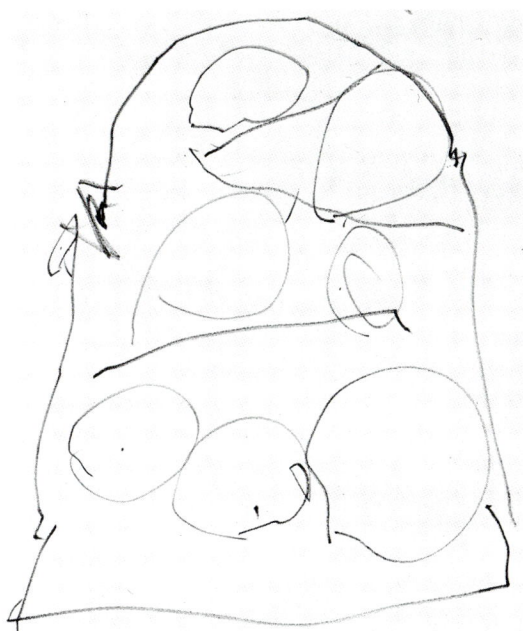

3/6 Jahre (S. 18)

13/6 Jahre, geistig behindert (S. 9, 18)

In der umkreisenden und fortschreitenden Bewegung wird die Spirale zu einem Abbild für die immer wiederkehrenden Rhythmen des Lebens. Sie ist eine Lebenslinie.

Die Spirale beschreibt einen Weg, dessen ursprünglicher Lauf sich in der Bahn der Gestirne und Spiralnebel findet. Aber auch im Pflanzen- und Tierreich ist sie zu erkennen. Schlingpflanzen winden sich spiralförmig in die Höhe, Muscheln oder Schneckenhäuser sind mit kunstvollen Spiralmustern verziert.

Der Strich

Durch Druck auf den Zeichenstift entsteht ein mehr oder weniger kräftiger Strich. Am deutlichsten sichtbar bei Bleistift. Je leichter der Stift über das Papier gleitet, um so zarter erscheint die Spur. Die Druckentladung ist ein sichtbarer Niederschlag von Vitalität, Durchsetzungskraft und Widerstandsbereitschaft.

Aufschlußreich ist die Verfolgung des Strichablaufs. Es muß geprüft werden, ob er elastisch und ohne unnötige Unterbrechungen verläuft, oder ob er unsicher, gestückelt und verkrampft ist.

Fallen in einer Zeichnung Strichanflikkungen, Druckstauungen oder Ausfahrungen auf, so muß diesem Befund bei der Beurteilung besondere Aufmerksamkeit geschenkt werden. (Vgl. RONI, S. 50.)

Vorgezeichnete Objekte werden häufig ausgemalt. Das gewählte Material bestimmt weitgehend die Technik der Flächenbehandlung.

Die Flächenbehandlung

Konturierung. Die Form wird klar umgrenzt und dadurch hervorgehoben. Dies deutet auf eine vorwiegende Beteiligung des Verstandes.

Schattierung. Durch Pendelbewegungen wird die Fläche farbig getönt. Gegenüber dem Verstand herrschen Gefühl und Phantasie vor.

Schraffierung. Einzelne, abgesetzte Striche überkreuzen sich. Diese Bewegungsart setzt mehr Kontrolle voraus, als die Pendelbewegung der Schattierung. Sie spricht deshalb auch für eine verstärkte Bewußtseinshaltung.

Schwärzungen oder Farbintensivierungen. Durch kräftiges Ausmalen wird eine Einzelheit betont, die entsprechende Bildstelle tritt stark aus der Gesamtgestaltung heraus, stört unter Umständen die Harmonie und will dadurch auf einen bestimmten Sachverhalt aufmerksam machen. Die Betonung hängt nicht nur von der Farbgebung ab, sondern auch von der Strichgestaltung des Farbauftrags.

Die Gestaltung der Formen

Große Formen. Die Beurteilung der Größe muß unter Berücksichtigung des Papierformats erfolgen. Große Formen sind der Ausdruck von natürlicher Selbstsicherheit und Vitalität. Wo sie ihre Grenzen überschreiten, wirken sie anmaßend oder zeigen mangelnden Wirklichkeitssinn an.

Kleine Formen. Es kann an Mut fehlen, für sich Raum in Anspruch zu nehmen. Bescheidenheit, Unsicherheit, Hemmungen oder Angst können einengend wirken.

Runde Formen. Wenn runde, fließende Bewegungen bevorzugt werden, so läßt das auf Gefühlsvorherrschaft und Anpassungsbereitschaft, aber auch auf Weichheit und Nachgiebigkeit schließen.

Eckige Formen. Der natürliche Bewegungsablauf wird eingegrenzt. Der Wille regiert und bevorzugt Sachlösungen. Das Gefühl muß auf Kosten von Selbstbeherrschung zurücktreten. Bestimmtheit oder auch Starrheit setzen die Spontanität herab.

RONA zeichnet mit kräftigem, sicherem und unabgesetztem Strich. Dies spricht für Vitalität und Selbstsicherheit. Formen gelingen ihr gut und werden klar umgrenzt. Sie bevorzugt eher Rundungen und weiche gewellte Linien. Flächen werden sorgfältig ausgemalt.

FLORIANS Strich ist zarter und weniger sicher. Deutlich wird das in der Bodenlinie und dem wenig straffen Strich der beiden Hauswände. Die Türe, das Dach und der Rauch sind äußerst intensiv ausgemalt. Der zarte Strich einerseits und die intensive Ausmalung andrerseits wirken sehr gegensätzlich und weisen auf eine Spannung hin. FLORIAN ist sensibel, vorsichtig und recht empfindlich. Mit den massigen Formen und der intensiven Farbgebung macht er neben anderem auf ein Problem aufmerksam, das ihn beschäftigt und belastet.

Farben

Mit der Wahl von Farben gibt uns das Kind einen Einblick in die Art und Weise seines Erlebens, seiner Gefühls- und Stimmungslage. Je nachdem sie verwendet werden, haben sie expressiven oder symbolhaften Charakter. Es kann zu Fehlschlüssen führen, wenn in einer Kinderzeichnung Farben losgelöst von den übrigen Merkmalen gedeutet werden. Kleinere Kinder bevorzugen Farben meist noch nach sehr zufälligen Kriterien. Die Bedeutung einer Farbe muß in Beziehung gesetzt werden zum Platz, den sie auf dem Zeichnungsraum einnimmt. Weiter spielen die Intensität des Auftrags, die Größe der Farbfläche und das jeweilige Objekt, das ausgemalt wird, eine entscheidende Rolle. Je nachdem ob leuchtende, frische Farben dominieren oder gedämpfte dunkle Töne vorherrschen, können sich Harmonie und Gleichgewicht einer Zeichnung verändern.

Wie Farben verwendet werden

Für ihre ersten Kritzeleien verwenden Kinder meist nur eine Farbe. Im Vordergrund steht das Funktionelle, die Freude, mit irgendeinem Stift eine Spur zu ziehen. Mit der Zeit verdichtet sich das Linienspiel zu einzelnen Flächen, es kann zu einem Farbwechsel kommen. In den ersten gegenständlichen Darstellungen (mit ca. vier Jahren) werden mit der Zeit mehrere Farben aufgetragen, aber immer noch in recht zufälliger Auswahl. Häufig wählt das Kind dabei seine Lieblingsfarbe. Vorerst sind dies noch die reinen Grundfarben Gelb, Rot, Grün, Blau. Auf die Eigenfarbe von Gegenständen wird noch keine Rücksicht genommen. Meist wird in einer Farbe vorgezeichnet und dann ausgemalt.

Ungefähr mit sechs Jahren, am Ende der Vorschulzeit, werden den einzelnen Objekten die charakteristischen Farben zugeordnet.

Mit ca. elf Jahren beginnt das Kind Farben zu mischen und versucht durch Hell-dunkel-Abstufungen sowie das Einbeziehen der Perspektive Erscheinungsfarben darzustellen. Warme Farben rücken die Gegenstände in den Vordergrund, während die Verwendung von kalten Farben die Objekte in den Hintergrund zurückweichen lassen. (PATRICK, S. 23.)

Besondere Aufmerksamkeit ist immer dort geboten, wo viel Dunkel oder sogar Schwärzungen auftreten. Mit solchen Auffälligkeiten, dazu gehört auch das Abweichen von der Erscheinungsfarbe, weist das Kind auf bestimmte Gefühlsregungen hin, mit denen es nicht fertig wird.

Bildinhalt

Wahl der Motive: Wenn man vier- bis sechsjährigen Kindern Papier und Malstifte gibt und sie auffordert, etwas zu zeichnen, wird auf einem großen Teil der Zeichnungen neben andern Objekten ein Haus dargestellt. Neben Sonne, Menschen, Tieren, Blumen und Fahrzeugen gehört es zu den beliebtesten Motiven in diesem Alter. Das Kind kann sich sehr leicht mit dem Haus identifizieren, spielen sich doch die ersten entscheidenden Erfahrungen und Wahrnehmungen in den häuslichen vier Wänden ab. Wie die einzelnen Fallbeispiele zeigen werden, eignet sich das Haus ausgezeichnet, um persönliche Anliegen und Erfahrungen darzustellen. Das Haus kann nach Lust und Laune mit viel zusätzlichen Details bereichert werden. Seine Umgebung bietet weitere Gestaltungsmöglichkeiten: Landschaft, Garten, Menschen, Tiere.

Die Erfahrung hat gezeigt, daß Kinder ab etwa zehn Jahren viel bereitwilliger ein Haus zeichnen als ein Selbstbildnis. In diesem Alter möchten sie bereits ein recht naturgetreues Porträt zeichnen, wozu ihnen aber meistens noch die notwendigen Voraussetzungen fehlen. Für eine Beurteilung kann die Hauszeichnung, als Ersatz oder Ergänzung zur Menschenzeichnung eine wertvolle Hilfe leisten. Je leichter eine Aufgabe empfunden wird, um so weniger schaltet sich der korrigierende Verstand ein, wodurch sich die Aussagekraft der bildlichen Darstellung wesentlich erhöht. Das bewertende und kontrollierende Bewußtsein tritt zugunsten unbewußter Inhalte in den Hintergrund.

Für den Kindergarten und die Unterstufe lautet die Aufgabe: «Zeichne ein Haus. Du kannst auch die Menschen zeichnen, die darin wohnen. Es kann eine Sonne, Tiere und Blumen auf dem Blatt haben oder anderes, was dir gefällt oder wichtig ist.»

In der Mittel- und Oberstufe heißt die Aufgabe: «Zeichne ein Haus in einer Landschaft, in der die Sonne scheint.» Eine Variation des Themas ist das Traum- oder Phantasiehaus.

Interpretation

Die Interpretation kindlicher Ausdrucksgestaltungen verlangt neben fachlicher Kompetenz Vertrautheit und Einfühlung in die Bildsprache der Kinder. Verschlüsselte Botschaften erscheinen meist als Symbole und müssen übersetzt werden. Unvollständiges verlangt nach Ergänzung, Fehlendes muß vermerkt werden. Bei diesem Vorgang können Intuition und Phantasie hilfreich sein. Damit sind aber keineswegs unkontrollierte Spekulationen gemeint. Bilder und Symbole verstehen und richtig deuten kann nur, wer selber einen Zugang zur eigenen Bilderwelt hat, seine Grenzen und Möglichkeiten kennt. Intuition und Phantasie sollen dort eingesetzt werden, wo wir mit unseren rationalen Erkenntnissen nicht mehr weiter kommen. Aussagen von Zeichnungen enthalten immer auch wesentliche Anteile des Unbewußten, wozu wir nur auf irrationalem Weg einen Zugang finden. Kenntnisse der allgemeinen Symbolik, der reiche Schatz, welcher sich in Märchen und Mythen anbietet sowie Erfahrung in der Deutung von Träumen können hilfreich sein. Eine wahre Fundgrube sind die bildhaften Redewendungen der deutschen Sprache. (S. 24.)

Die Interpretation einer Kinderzeichnung wird bestimmt durch die Fragestellung, die an sie gerichtet wird. Eltern möchten Auskunft über Erziehungsprobleme oder Entwicklungsauffälligkeiten, Lehrer stellen Fragen im Zusammenhang mit Lern- und Leistungsstörungen, Erziehungsberater und Psychologen suchen nach Ursachen und Erklärungen für die Schwierigkeiten jener Kinder, die sie abklären und eventuell therapieren müssen.

Das Verfolgen eines zeichnerischen Ablaufs (mehrere Zeichnungen über einen längeren Zeitraum) kann aufzeigen, ob die Entwicklung altersgemäß verläuft oder eine Reifeverzögerung vorliegt. Der Verarbeitungsprozeß von Erfahrungen und Erlebnissen, welcher sich ebenfalls im Bildgeschehen beobachten läßt, weist auf das Verhältnis hin, welches das Kind zu seiner Mit- und Umwelt hat. Auf Grund einer sorgfältigen und umfassenden Analyse können aus der Zeichnung nonverbale Informationen herausgearbeitet werden. Die Anamnese, eine genaue Beobachtung des Kindes (Bewegungsabläufe, Sprache und soziales Verhalten), das Gespräch mit den Eltern, eventuell weiterführende Spezialtests und medizinische Abklärungen ergänzen die Befunde der Zeichnungsanalyse.

Die Zeichnung hat sich als erster Einstieg zur Auffindung von Störungen bestens bewährt. Sie erspart Eltern und Kindern unnötige Tests, weil sie Hinweise für weiterführende Abklärungen gibt, so daß eine zielgerichtete Therapie eingeleitet werden kann, falls diese nötig ist.

Über die Zeichnung von RONA können sich die Eltern freuen. Im Gegensatz dazu

PATRICK, 6/2 JAHRE (S. 21)

gehört die Zeichnung von FLORIAN in die Hand eines erfahrenen Kinderpsychologen, der die Ursachen der verschiedenen Auffälligkeiten gründlich abklärt.

Auf der Suche nach Deutungen kann uns die Sprache weiterhelfen. Im täglichen Sprachgebrauch verwenden wir eine Anzahl von Ausdrücken, deren bildhafte Aussage so anschaulich ist, daß eine Deutung offensichtlich wird. Zu den beiden Häusern auf Seite 26 fällt einem spontan ein: «Ein Dach über dem Kopf haben.»

Einige Beispiele:

Haus
Behausung
Gedankengebäude
haushoch überlegen
haushälterisch
hausbacken
heimelig
im Glashaus sitzen
ein offenes Haus haben
Hausgeist
Luftschlösser bauen
jemandem auf die Bude steigen
der Haussegen hängt schief
Elternhaus
Kinderstube
ein gelehrtes Haus
aus dem Häuschen sein
von Haus aus

Rauch
alles Schall und Rauch
mir raucht der Kopf
der hat einen schönen Rauch (Einbildung)
schloten (rauchen)
etwas in den Kamin schreiben
Weihrauch
Räucherung
Wohlgeruch

Dach
Obdach
etwas unter Dach und Fach bringen
Oberstübchen
einen Dachschaden haben
vom Regen in die Traufe kommen (Dachtraufe)
ein Dach über dem Kopf haben
eins aufs Dach geben
die Spatzen pfeifen es von allen Dächern

Türe
zwischen Tür und Angel stehen
mit der Türe ins Haus fallen
offene Türen einrennen
jemanden vor die Türe setzen
sich eine Hintertüre offenhalten
die Türe vor der Nase zuschlagen
hinter verschlossenen Türen
vor der eigenen Türe wischen
Tür und Tor öffnen

Fenster
den Laden herunterlassen
weg vom Fenster sein
das Geld zum Fenster hinauswerfen

Raum
etwas im Raum stehen lassen
einer Sache Raum geben
Zwischenraum
räumen

Das Haus als Symbol

Haus, lateinisch domus, bedeutet ein dauerhafter Wohnsitz für den seßhaften Menschen. In den Begriffen Domäne, Domizil, Dominium (Eigentum) oder im Verb dominieren weist die Silbe «dom» immer auf Besitz hin.

«Das Haus gehört mit der Siedlung zu den naturgebundensten Gegenständen der Volkskultur» (Richard Weiss in *Volkskunde der Schweiz*). Ein Dach über dem Kopf, aus Holz, Stein oder Lehm oder auch nur ein Zelt hat die Aufgabe, den Menschen vor Witterungseinflüssen, Störungen und Gefahren zu beschützen. Dem einzelnen oder einer Gemeinschaft bietet es die Möglichkeit, sich zurückzuziehen, bei sich selbst zu sein oder sich abzusondern.

Die Errichtung einer schützenden Behausung wurzelt nach J. J. Bachofen in der Zeit des Matriarchats, in der die Frau das Hauptgewicht auf den Ackerbau und die Mauererrichtung legte. Acker- und Hausbau sollten wohl den nomadisierenden Mann zur Seßhaftigkeit zwingen.

Daß dem Haus nicht nur als Hohlkörper in der Symboldeutung weiblicher Charakter zukommt, sondern in seiner ursprünglichen Bedeutung immer die Eigenschaft einer mütterlichen Stätte innewohnt, schildert C. G. Jung in seinen Erinnerungen, in denen er über den Turmbau in Bollingen berichtet. Nicht nur im physischen, sondern auch im psychischen Sinn ging für ihn von dieser Wohnstätte ein Gefühl der Geborgenheit aus, welche dem Urgefühl des Menschen entspricht:

«Das Gefühl der Ruhe und Erneuerung, das sich mir mit dem Turm verband, war von Anfang an sehr stark. Er bedeutete für mich so etwas wie eine mütterliche Stätte. Von Anfang an wurde der Turm für mich zu einem Ort der Reifung – ein Mutterschoß oder eine mütterliche Gestalt, in der ich wieder sein konnte, wie ich bin, war und sein werde.»

Der Religionshistoriker Mircea Eliade vertritt die Auffassung, daß dem Hausbau der ursprünglichen Menschen ein Stück Heimweh nach dem verlorenen Paradies innewohne.

«Sie suchen den Drang ihrer Seelen zu befriedigen, indem sie ein Heiligtum oder wenigstens einen abgegrenzten heiligen Raum errichten, und zwar meistens dort, wo sich etwas aus einer höheren Welt geoffenbart hat oder wo der primitive Mensch glaubt, etwas Wunderbares erlebt zu haben. Aber auch ohne derartigen Anlaß konstruiert er sich einen ‹heiligen Raum› nach einem gewissen kosmologischen Kanon, nach einem Urtyp, den er im Schöpfungsakt Gottes erkennt. Jeder so geschaffene Raum erscheint ihm als ‹Zentrum der Welt›, was ja insofern zutrifft, als Gott allgegenwärtig und seine Nähe immer und überall der Mittelpunkt ist, nach dem die Seele strebt und in dem sie Ruhe findet.»

Das Haus, ein Gefäß für unser Leben

Wenn Leben gedeihen und sich entfalten soll, so bedarf es eines schützenden Raumes. Der Aufenthalt im Mutterleib bildet das erste Haus jedes Menschen. Dieses wird abgelöst vom Elternhaus, das für einige Jahre

♀ 3/2 Jahre (S. 24)   ♀ 7 Jahre (S. 24)

zum entscheidenden Schauplatz der Entwicklung von Körper, Geist und Seele wird.

Im Haus spiegelt sich unser Wesen.

Wie leicht sich Kinder mit dem Haus identifizieren können, zeigen die beiden Abbildungen. Fenster, Türen sogar die Haare werden zu Gesichts- und Körpermerkmalen verwendet, wodurch das Haus ein ganz persönliches Gepräge erhält. Das Kind selbst ist das Haus. Häuser haben Gesichter. (Abb. siehe oben) Der Baukörper entspricht dem Leib. Das Dach dem Kopf, die Fenster den Augen, die Türe dem Mund. Diese antropomorphe Darstellungsweise erleichtert die Projektion des eigenen Empfindens und Erlebens auf das Haus. Dieses wird so sichtbar zur Wohnung für Geist und Seele. In seinem Innern spielen sich Freud und Leid des täglichen Lebens ab.

Als bildhafter Ausdruck der Persönlichkeit gibt das Haus Auskunft, welche Atmosphäre im Innern herrscht, aber auch wie das Kind die Welt sieht, und wie es sich wünscht, daß es von seiner Umgebung gesehen wird. Auch wenn in den Zeichnungen meistens «nur die Fassade» dargestellt wird, liefert uns diese in ihrer ganzen Ausgestaltung viele Aufschlüsse.

Wie sich das Haus entwickelt

Während der verschiedenen Kritzelstufen bildet sich der Raumbegriff. Das Kind erlebt auf dem Zeichnungspapier die Bewegungen von oben/unten, rechts/links, hinten/vorne. Diese Raumorientierung bildet die Voraussetzung für die künftige Hausgestaltung. (Abb. S. 28 A–K)

Erste beabsichtigte Gegenstandsdarstellungen werden aus der Kreisform entwickelt. (Abb. S. 19) Ob Gegenstände in Wirklichkeit eckig oder rund sind, spielt keine Rolle. Mit der Kreisform drückt das Kind aus, daß es ein Objekt als körperhaft und raumumschließend erlebt. In die Rundformen (A) der ersten Häuser werden entweder ebenfalls runde Fenster eingezeichnet oder durch Schattierungen (B) angedeutet, daß sich Personen im Innern aufhalten. Durch Querstriche werden manchmal Stockwerke angedeutet. In der nächsten Phase strecken sich die Häuser etwas in die Höhe. Noch wird das Dach nicht als selbständiger Teil gezeichnet, aber durch einen Kamin und eventuell Rauch wird dieses angedeutet. Mit der dreieckigen Zeltform (C) erhält das Haus durch gerade Linien eine bestimmtere Gestaltung. Die Rund- und Zeltformen werden mit ungefähr vier bis fünf Jahren durch eckige Bauten (D) abgelöst, deren Konstruktion sich im Spiel mit Bauwürfeln bereits vorbereitet hat. Die Räumlichkeit eines Baus wird damit erlebt und Innen und Außen des Hauses bewußter wahrgenommen. Diese ersten Häuser entstehen aus hohen Rechtecken. Sie erinnern an die ersten Kopffüßler mit überlangen Beinen, die in ihrer Ausdehnung häufig die ganze Höhe des Blattes beanspruchen. Diese Proportionen sind einleuchtend, wenn man sich in die Lage des Kindes versetzt. Es bedient sich dieser Höhenausdehnung, um verständlich zu machen, daß es sich um etwas handelt, das größer ist als es selbst. Die Vertikale verbindet unten und oben. In der Sprache bringen wir auch durch die Vorsilbe «über» zum Ausdruck, daß etwas größer ist als wir selbst.

Die Untersuchung vieler Hauszeichnungen von Kindergartenkindern hat gezeigt, daß die Vier- bis Fünfjährigen im ersten Kindergartenjahr mit wenigen Ausnahmen rechteckige hohe Häuser zeichnen. Im Verlaufe des zweiten Jahres werden diese Häuser, die noch ganz aus dem subjektiven Erleben gezeichnet wurden, durch quadratische oder ab und zu in die Breite sich ausdehnende Bauten abgelöst (E). Darin drückt sich eines von verschiedenen Merkmalen aus, die auf Schulreife hinweisen. Die erste Loslösung vom Elternhaus, besonders aber auch die Erweiterung der sozialen Kontakte durch den Besuch des Kindergartens fördern den Realitätssinn und wirken auf die Gestaltung des Hauses, das je nach Reife und zeichnerischem Geschick wirklichkeitsgetreuer erscheint und mit zunehmendem Alter auch Details des eigenen Heims wiedergibt.

In einem nächsten Schritt unternimmt das Kind den Versuch, dem Haus durch eine zweite Fassadenseite ein dreidimensionales, wirklichkeitsgetreueres Aussehen zu geben (F). Vor allem Knaben zeichnen das Haus manchmal aus der Vogelschau, so daß alle Seiten sichtbar werden, sog. Simultanperspektive (G).

Perspektivische Lösungen sind erst in der Mittelstufe möglich, wenn im Zeichnungsunterricht das Haus als Bestandteil der Landschaft erlebt wird (Fluchtperspektive) (K).

Das Dach

Bereits die Entwicklung der Hauszeichnung hat deutlich gemacht, daß dem Dach als selbständigem Element des Hauses eine beachtliche Bedeutung zukommt. Das Dach schützt das Haus vor Witterungseinflüssen. Ein breites, über die Fassade hinausreichendes Dach, wie wir es bei den stattlichen Berner Bauernhäusern antreffen, erweckt das Gefühl von Geborgenheit.

In der antropomorphen Betrachtungsweise entspricht das Dach dem Kopf, dem Denken und damit je nach Ausgestaltung einer mehr intellektuellen oder eher vorsorglich schützenden Einstellung.* Die beiden Hausgesichter (S. 26) veranschaulichen das Gegenteil. In einem Fall entsprechen die Haare dem Dach, das andere Hausgesicht trägt eine zweifarbig geringelte Mütze, die eine behagliche Wärme ausstrahlt, wie das zufriedene Gesicht zeigt.

Zur Entwicklung der Dachkonstruktion (S. 28)

In der nicht unterteilten Rund- oder Halbrundform wird das Haus als Ganzes, als Umschließendes erfahren, Hauskörper und Dach bilden noch eine Einheit. Sobald sich das Haus in die Höhe ausdehnt, wird das mit einem Kamin oder einer Rauchfahne angezeigt.

Die Dachkonstruktion stellt das Kind vor eine recht schwierige Aufgabe. Häufig greift es auf primitivere Formen zurück und gestaltet die ersten selbständigen Dachformen zuerst als Halbrund oder aufgesetzte kleine Dreiecks- oder Viereckformen. Erst ab ungefähr sechs Jahren wird das Dach als eigenständige Dreiecksform gezeichnet, das sich zum Haus in einer entsprechenden Proportion verhält. (Abb. S. 29)

Das nicht unterteilte Haus der Drei- und Vierjährigen weist darauf hin, daß Denken und Fühlen noch eine Einheit bilden. Die eigenständige Dachform entspricht der Entwicklung des Bewußtseins. Die Ausgestaltung des Dachs gibt Auskunft über die Art und Weise, wie Informationen aufgenommen und verarbeitet werden. Das helle Dach von SÄMI (S. 60) wirkt trotz der vielen Ziegel leicht, während das Dach von Armin (S. 63) recht schwer lastet. Das wird durch die kompakte Farbgebung und durch keinerlei differenzierte Einteilung oder Musterung noch verstärkt.

* Der 9½ Jahre (S. 60) alte SÄMI betont das Dach seines schmalen, wenig ausgestalteten Hauses durch viele sorgfältig gezeichnete Ziegel und das helle Gelb. SÄMI ist sehr ehrgeizig und sachlich nüchterne Überlegungen sind ihm wichtig.

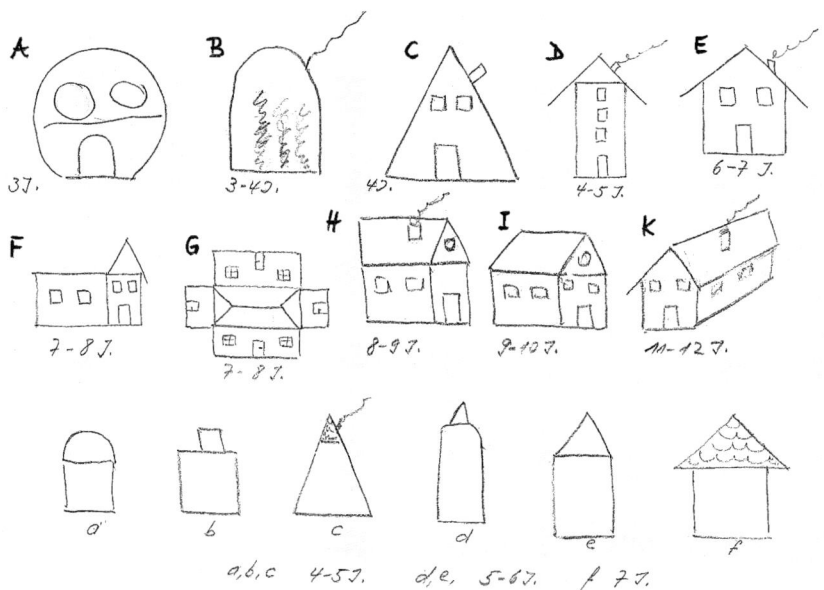

(S. 18, 26 ff.)

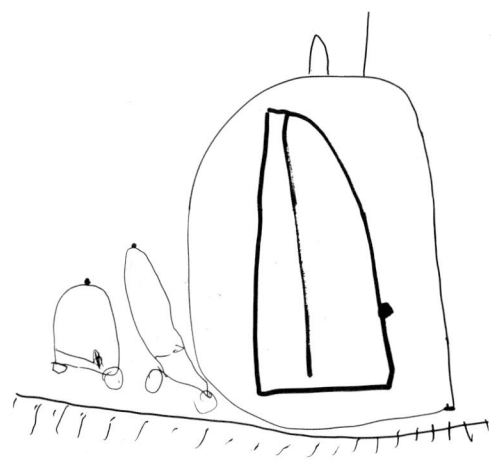

MÄDCHEN, 6 JAHRE (S. 28)

Verschiedene Bauwerke

Es kommt immer wieder vor, daß Kinder statt eines gewöhnlichen Wohnhauses eine Kirche, einen Turm, ein Schloß, eine Höhle oder auch einmal ein Zelt zeichnen. Wenn die Anregung dazu nicht auf ein aktuelles Thema in der Schule (Ritterzeit, Indianer etc.) oder auf ein Ausflugs- oder Ferienerlebnis zurückzuführen ist, so kann der Wahl eine besondere Bedeutung zukommen.

Höhle
Diese fensterlose Behausung bietet eine optimale Rückzugsgelegenheit. Von hier aus braucht man mit der Umwelt keinen Kontakt zu pflegen. Kinder, die unter Asthma leiden, zeichnen häufig Höhlen. Angst und Beklemmung, die sie durch die Atemnot erleiden, löst offenbar das Bedürfnis aus, wieder in den Zustand zurückversetzt zu werden, in dem sie mit allem Lebensnotwendigen versorgt wurden. Ein Rückzug in dieses verlorene Paradies, den Mutterschoß, wünschen sich auch Kinder, die aus anderen Gründen unter Ängsten leiden. Meist fühlen sie sich nicht sicher und stark genug, um sich mit dem Kollektiv auseinanderzusetzen.

Der siebenjährige STEFAN (S. 31) wird von seinen Eltern als ängstlich, nervös, ungeschickt, zappelig und langsam geschildert. Daneben zeigt er perfektionistische Züge, besonders bei der Kleidung. Verspätet begann er die ersten Zeichnungsversuche. In der Schule hat er wenig Kontakt mit den anderen Kindern, geht nicht gerne ins Turnen und klagt häufig über Kopfweh. Auf einem Ohr hört er schlecht. Bei der Geburt erlitt er Sauerstoffmangel. Seinem Alter nicht entsprechend, wirkt er noch kleinkindlich. Bei den Tests konnte ich beobachten, daß er in der Feinmotorik verkrampft ist.

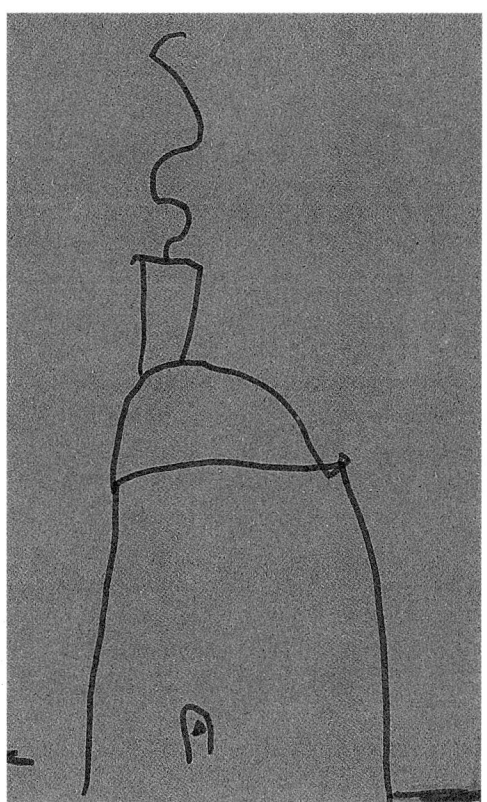

MÄDCHEN, 6/10 JAHRE (S. 28)

SASHA, 11/6 JAHRE (S. 30)

Diese Symptome weisen deutlich auf eine zentrale Wahrnehmungsstörung hin. (Nähere Angaben dazu S. 70.)

Die Höhle mit dem Goldschatz drückt sein Bedürfnis nach Rückzug, Ruhe und Geborgenheit aus. Den Anforderungen der Schule fühlt er sich noch wenig gewachsen. Er benötigt Zeit, um den Entwicklungsrückstand aufzuholen. In einer zweiten Spontanzeichnung malt er eine große Armbanduhr, deren Zeiger sechs Uhr anzeigen. Ein weiterer Hinweis, daß Zeit für ihn im Augenblick ein Problem ist.

Schloß – Burg

Wenn der Auftrag lautet: «Zeichne ein Haus!», entsteht nur in Ausnahmefällen ein Schloß oder eine Burg. Ganz anders präsentieren sich die Zeichnungen wenn das Thema «Traumhaus» gestellt wird. In einer fünften Primarklasse zeichnete ein Drittel der Schüler eine Burg oder ein Schloß.

Was veranlaßt ein Kind, sich in die Rolle eines Schloßherrn oder Burgfräuleins zu versetzen? Mit dieser Vorstellung kann sich der Wunsch verbinden, reich zu sein und alles zu erhalten, was man sich wünscht. Diese Position gibt ein Gefühl von Selbstbewußtsein und Unabhängigkeit. Als eine Autorität Anerkennung erhalten, seine Macht ausüben und über andere herrschen, das sind Eigenschaften des männlichen Prinzips. Es ist deshalb kein Zufall, daß Kinder, die eine problematische oder fehlende Vaterbeziehung erleben, mit dem Schloß ihre geheimen Wünsche nach männlicher Präsenz in der Familie zum Ausdruck bringen.

Die Eltern des 11½ Jahre alten SASHA sind geschieden. Der Junge steht in der Vorpubertät und vermißt den Vater als Identitätsfigur. Der Eingang zum Schloß, über Treppenstufen erreichbar, wirkt fast wie ein erhöhter Thron. Ein deutliches Zeichen für sein Bedürfnis, daß er von einer Autoritätsfigur, die ihm Vorbild sein sollte, die klaren Richtlinien erwartet, die ihm in der Zeit der Verunsicherung Halt und Orientierung geben.

Mit der Phantasie von einem märchenhaften Schloßleben kann aber auch der Wunsch zum Ausdruck gebracht werden, der fordernden Realität zu entfliehen. Die Darstellung des Bauwerks und die Ausgestaltung der Umgebung bestimmen die Hintergründe, die zur Wahl eines Märchenschlosses führen.

MIKE, 11 JAHRE (S. 32)

Burgen mit Schießscharten und Geschützen werden von Kindern gezeichnet, die sich in einer Verteidigungssituation befinden. Aus Schwäche oder Ohnmacht verschanzen sie sich hinter dicken Mauern.

Zelt

Es ist eine Behausung ohne dauernden Bestand. Schnell ist es abgebrochen und an einem neuen Standplatz wieder aufgeschlagen. Der Aufenthalt im Zelt beschränkt sich auf ein gewisse Zeitdauer. Wohnen im Zelt ist in unseren Breitengraden ein Freizeitvergnügen, es ist eine Ausnahmesituation und nicht die Regel. Die Bibel verwendet das Bild des Zeltes als Symbol für die Vergänglichkeit und Hinfälligkeit irdischen Daseins. In Ezechiel 38.12 heißt es: «Mein Haus wird abgebrochen, man rollt's zusammen wie ein Hirtenzelt.»

In einer vorübergehenden Situation befindet sich auch der 5/3 Jahre alte RAINER. (S. 33) Während sich ein heftiges Gewitter entlädt, hält er sich im Zelt auf. Dicht neben dem großen Wohnhaus bietet es nur für eine Person Raum. Warum plaziert er sich außerhalb des Hauses? Aus den warmen Farben und dem freundlichen Gesichtsausdruck kann geschlossen werden, daß er sich wohl fühlt. Interessant sind die verschiedenen Gegenstände, die er bei sich hat: drei Pfeifen – ob es wohl Friedenspfeifen sind? –, einen Revolver und einen kleinen Koffer. Die Zeichnung kann nur verstanden werden, wenn seine persönliche Situation berücksichtigt wird. Die Kindergärtnerin schildert Rainer als sehr aggressiv, es gebe immer wieder Schlägereien. Er bereue das jeweils sofort und versuche dann Frieden zu stiften. Die Familienverhältnisse sind geordnet. Rainer hat noch einen jüngeren Bruder. Es ist anzunehmen, daß der Junge Mühe hat mit seinem

STEFAN, 7 JAHRE (S. 29)

überbordenden Temperament. Er malt sich selbst mit intensiven Rot- und Orangetönen und weist mit den kräftigen Strichen des Regens auf geballte Kraftentladungen hin. Er zieht sich ins Zelt, also auf einen kleinen Raum zurück, weil er sich hier in Sicherheit fühlt und keine Gefahr läuft, Streit zu bekommen. Es handelt sich um die instinktive Reaktion aus Selbstschutz, wie wir sie bei Kindern beobachten können, die sich nach Wutanfällen in einen stillen Winkel zurückziehen, bis sie wieder Herr über sich selbst sind. Daß er sein Verhalten bereut, mag in den Friedenspfeifen zum Ausdruck kommen, die er gut sichtbar bereithält. In einem separaten Anbau auf der gegenüberliegenden Seite hält sich eine Katze auf. Die viel zu langen Schnauzhaare wirken trotz des freundlichen Gesichts etwas aggressiv. Neben vielen anderen Eigenschaften gilt die Katze als unberechenbar und ambivalent. Dieses Tier weist nochmals auf Rainers Problem hin.

Über die recht dramatisch erscheinende Szene wölbt sich friedensverheißend ein großer Regenbogen. Er überspannt auch das Zelt und das Katzenhaus. Der Bogen deutet an, daß die beiden, auch wenn sie außerhalb des Wohnhauses stehen, nicht ausgegrenzt sind. Ein Gewitter geht vorüber, wirkt reinigend, nachher kann die Sonne wieder scheinen. Wenn sich alles beruhigt hat, werden die beiden bestimmt auch wieder ins Haus zurückkehren.

Turm

Meist ist es ein fensterloser, verschlossener Raum. Als Symbol spielt er im Märchen, aber auch im Alten und Neuen Testament eine Rolle.

Wer den Turm als Zufluchtsstätte benützt oder als Wohnraum wählt, wie der elfjährige MIKE (S. 30), befindet sich in einer Abwehrhaltung. Außenkontakte sind ihm nur über Radarschirme möglich. Auf der linken Seite des Gebäudes stehen vier schlanke Säulen, die wie der Turm das Aufstrebende der Vertikalen betonen. Gebäude und Säulen sind mit rotem Farbstift vorgezeichnet und dann mit blauer Farbe ausgemalt. Die Gruppe steht auf einem grünen Hügel. Das fensterlose Gebäude wirkt durch die blaue Farbe kalt und wenig wohnlich. Den beiden Türmen fehlt ein solides Fundament.

Wer ist Mike, daß er statt eines Hauses solche Türme zeichnet? Er ist recht intelligent, in hohem Maße ablenkbar, ich-schwach, fühlt sich ständig angegriffen und erträgt keinerlei Kritik. Aus dem Elternhaus erhält er kaum Anregungen. Durch die Berufstätigkeit beider Eltern ist er in der Freizeit meist sich selbst überlassen. Seine Unsicherheiten und die emotionalen Defizite versucht er durch unrealistische Ansprüche zu kompensieren, die er aber auf dem Weg des geringsten Widerstandes befriedigen möchte. Möglichst ohne Umwege, rasch und mit minimalster Anstrengung möchte er seine viel zu hoch gesteckten Ziele erreichen. Diese Arbeitshaltung spiegelt sich in den phantasielosen, kahlen Türmen. Gelingt ihm ein Unternehmen nicht auf Anhieb, so ist er kaum für einen zweiten Versuch zu gewinnen. Er fühlt sich als Versager und macht seine Umgebung für sein Scheitern verantwortlich. Der Turm, in Kinderzeichnungen immer wieder ein Symbol für ehrgeiziges Streben, ist in Mikes Fall ein Bild für die Kompensation von mangelndem Selbstwertgefühl, Mutlosigkeit und Lebensangst.

Kirche

Am Beispiel von MARTIN (S. 47) wurde in «Kinder sprechen in Schrift und Zeichnung» bereits darauf hingewiesen, daß Kinder, die noch die Nähe des mütterlichen Schutzes benötigen, dies in der Hauszeichnung mit einer Kirche ausdrücken. Die Kirche ist als zentrales Gebäude einer Siedlung durch ihre Größe und als Ort der Einkehr ein bedeutungsträchtiges Symbol. C. G. Jung spricht von der Kirche als dem «Symbol des mütterlichen Schoßes».

Die siebenjährige CLAUDIA steht kurz vor dem Schuleintritt. Das Mädchen zeichnet sich in Profilstellung nach rechts gehend, über sich eine komplizierte Wegführung. (S. 33) In einer Diagonale angeordnet stehen drei gleiche Häuser. Ganz links läßt sie eine schwarze Kirche hinter sich. Das schreitende Kind, der bewegte Weg und die kräftigen, in verschiedene Richtungen wegziehenden Rauchwolken tragen alle dazu bei, daß die Zeichnung sehr lebendig wirkt, so daß sich die dahinterstehende Geschichte wie von selbst eröffnet.

Claudia stammt aus intellektuellen Verhältnissen. Die Eltern verfolgten ehrgeizige Ziele und wollten ihre Tochter frühzeitig

CLAUDIA, 7 JAHRE (S. 32, 40, 50, 58, 75)

RAINER, 5/3 JAHRE (S. 31)

einschulen. Sie ließen sich dann aber von der Einschätzung der Kindergärtnerin überzeugen, die Claudia wohl die intellektuelle, nicht aber die emotionale Reife zugestand. Daß sich das Mädchen in einem Spannungsfeld zwischen den ehrgeizigen Vorstellungen der Eltern einerseits und dem Wunsch nach ungestörtem Kindsein andrerseits befindet, dokumentiert ihre Zeichnung. Die diagonale Anordnung der drei Häuser drückt durch ihre Steigerung die angestrebten Ziele aus. Mit schnellem und gewandtem Strich sind die Häuser fast skizzenhaft hingeworfen. Auffallend ist, daß allen der Boden fehlt. Da drängt sich die Frage auf, ob das tragende Fundament einer etwas überstürzten Konstruktion zum Opfer gefallen ist. Der Schwerpunkt dieser Hausfassaden liegt zudem in ihrer oberen Hälfte: im ausgemalten Dach, dem großen Kamin mit den kräftigen Rauchwolken und den beiden Fenstern mit den blauen Vorhängen. Im Gegensatz dazu steht die Kirche ganz behäbig da. Vor allem die schwarze Ausmalung bewirkt diesen Eindruck. Die Plazierung ganz links zeigt, daß sie ihre Aufgabe im Sinne der eingangs erwähnten Bedeutung erfüllt hat. Das Mädchen kann jetzt ohne den mütterlichen Schutz auskommen. Sein Weg nach rechts ist zukunftsgerichtet.

Im Zusammenhang mit den Abklärungen der Schulreife hat es sich gezeigt, daß Kinder, die statt eines Wohnhauses eine Kirche zeichnen, den Schritt in die Schule noch hinausschieben möchten.

Der Baukörper und seine Ausgestaltung (Schema S. 35)

Die anthropomorphen Darstellungen haben gezeigt, daß Kinder ein Haus nicht einfach nur als Gebäude erleben, sondern als «Baukörper», dessen Öffnungen (Türen und Fenster) dem Mund und den Augen entsprechen. Die Ausgestaltung des Baukörpers gibt wie die Menschenfigur Auskunft, wie der Zeichner von außen gesehen werden möchte. Ebenso sind Erlebnisse und Erfahrungen, welche im Zusammenleben der Familie gemacht werden, verantwortlich für eine reiche oder ärmliche Ausgestaltung der Außenseite eines Hauses.

Der Baukörper soll zuerst als Ganzes betrachtet werden. Dabei ist zu prüfen, ob er harmonisch gegliedert ist, oder ob einzelne Teile stark hervortreten und eventuell das Gleichgewicht stören.

Die beiden Fassaden von RONA und FLORIAN (S. 13) zeigen ganz gegensätzliche Ausgestaltungen. Rona zeichnet eine streng symmetrische Fassade, während Florians Haus mit der großen und breiten Türe und dem übermächtigen Rauch unausgeglichen wirkt. Eine nähere Untersuchung wird sich mit solchen Einseitigkeiten und auffallenden Details auseinandersetzen müssen.

Je nach Ausgestaltung geben Fenster und Türen Auskunft über die Kontaktfähigkeit eines Menschen und seine Bereitschaft, sich einem Gegenüber zu öffnen. Oder ob er sich lieber hinter verschlossene Türen und Fenster zurückziehen möchte, um sich gegen Einflüsse von außen abzuschirmen.

Fenster, die einen natürlichen Austausch gewähren, werden in der Regel nicht ausgemalt. Glasscheiben werden durch Sprossenunterteilung und Vorhänge markiert. Das offene Fenster wird auch häufig durch seitlich angebrachte Fensterläden (bei Rona) angedeutet.

Die beiden Fenster von Florians Haus sind vergittert, das kleinere noch zusätzlich übermalt. Auch die große Haustüre ist kräftig ausgemalt und bietet ohne Türklinke

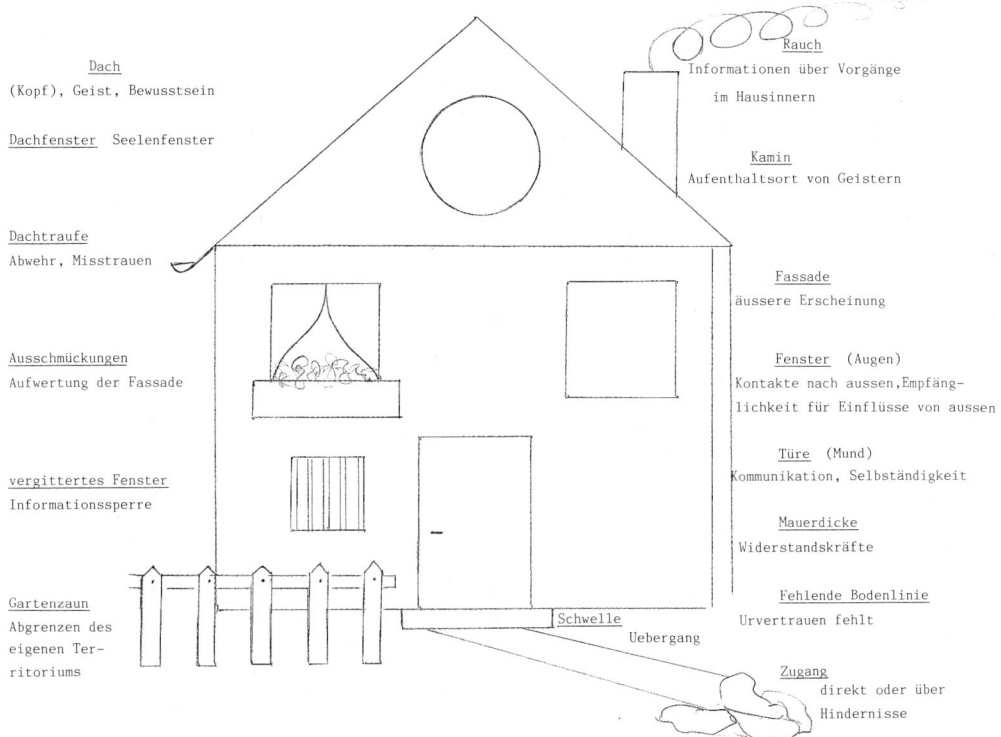

keine Möglichkeit, ins Haus einzutreten. Dies alles deutet darauf hin, daß Florians Kontaktmöglichkeiten erschwert sind. Nach Aussage der Kindergärtnerin besteht ein Konflikt zwischen ihm und seinem älteren Bruder, der ihm immer wieder Freunde und Kollegen wegschnappt.

Die Fenster

Auf der Hausfassade von CARMEN erzählen die Fenster vom Schicksalsschlag, mit dem sich die Familie abfinden muß. (Abb. S. 37.) Im Zentrum der Fassade sind vier gleiche Fenster aneinandergereiht. Ein fünftes gleiches Fenster ist mit etwas Abstand für sich allein. Ganz rechts befindet sich in deutlich größerer Distanz ein Fenster ohne farbige Vorhänge, das aber schwarz durchgestrichen ist.

Carmen hat noch drei Schwestern. Ein fünftes Mädchen starb vor kurzem. Die mittleren vier Fenster stehen nach meinem Dafürhalten für die vier Mädchen, während das durchgestrichene Fenster ganz rechts auf die verstorbene Schwester hinweist. Das Fenster ganz links scheint von der Gruppe losgelöst. Es steht für sich allein, so wie die schmale Menschenfigur, die auf wenig Raum zwischen Blattrand und Haus eingeklemmt ist. Carmen beschäftigt sich mit dem Tod ihrer Schwester, was die Kindergärtnerin bestätigt. Dieses Ereignis hat Ängste bei ihr ausgelöst und wirft Fragen auf. So überlegt sich das Mädchen wohl auch: Warum sie und nicht ich? Für sich zieht Carmen den Schluß: Wenn ich ein Junge bin, kann mir so etwas nicht zustoßen. So beschließt sie, in Zukunft ein Bub zu sein. Sie kleidet sich dementsprechend und legt sich auch eine

MÄDCHEN AUS IRAN, 7 JAHRE (S. 39)

SABINE, 6/2 JAHRE (S. 39f.)

Doris, 10 Jahre (S. 39)

Carmen, 7 Jahre (S. 35, 70)

grobe Sprache zu. Carmen hat sich nach ihrer Aussage selber dargestellt. Auf der Zeichnung hat sie sich betont männlich gekleidet, sogar mit einem Hut. Ein Jahr zuvor zeichnete sich Carmen noch mit einem Kleid und langen Zöpfen.

Neben den klaren Linien der Fenster fallen die vielfach gewellten Schlangenlinien auf, die die Zwischenräume ausfüllen. Sie erscheinen wie Verlegenheitsbewegungen, die ziellos die leeren Flächen füllen. Auch die freien Stellen des Himmels sind mit raschen weitgezogenen Strichen bedeckt. Freie Räume sind kontrollierbar. Sie werden als irrationale Bereiche empfunden und können Angst auslösen. Durch das Ausfüllen werden sie in Besitz genommen und können so nicht durch fremde Inhalte belegt werden.

Das Wohnhaus besitzt einen auffallenden Anbau. Der rechteckige dunkelbraune Längsbau besitzt in der Mitte ein kleines, offenes Fenster mit einem Laden, aus dem ein schwarz gezeichneter Kopf schaut. Die Vermutung, es könne sich hier um den Sarg mit der kleinen Schwester handeln, ist kaum von der Hand zu weisen. Eine schwere blaue Wolke liegt auf dem Anbau und eine zweite, etwas höher gelegene über dem Jungen.

Daß sich Carmen stark mit diesem Gedanken identifiziert, drückt sich auch in der blauen Fassade aus, die sie für die Wolken und die Kleider wählt.

Die zu Beginn getroffene Feststellung. «Häuser haben Gesichter» findet hier einen eindrücklichen Niederschlag. Was uns zutiefst bewegt, läßt sich auf unseren Gesichtszügen ablesen und kann sich so dem aufmerksamen Betrachter mitteilen. Persönliche, schöpferische Gestaltungen, wie die hier besprochene Zeichnung das deutlich macht, spiegeln prägende Erlebnisse und können einen wertvollen Beitrag leisten bei der Verarbeitung von belastenden Lebenssituationen.

Die Fassade

Als äußere Hülle des Hauses entspricht sie der menschlichen Kleidung. Sie schützt vor Witterungseinflüssen, zeigt in ihrer vielfältigen Ausgestaltung aber auch, inwieweit Anpassung oder Eigenpersönlichkeit nach außen signalisiert werden. Persönliche Attribute und Farben verraten einiges über die Bewohner. Auch hier ergibt sich eine Parallele zur Kleidung, die wir je nach Anlaß und Stimmung auswählen. Die Aufmerksamkeit, die dem Äußern geschenkt wird, hängt davon ab, welchen Stellenwert die Beurteilung durch die Mitmenschen hat. Kleidung, Frisur oder Make-up können der Umwelt signalisieren, daß Beachtung erwartet wird.

Diese äußerste, sichtbare Schicht der Persönlichkeit, in der Psychologie spricht man von der Person, umfaßt alle dem äußern Leben zugewandten Aspekte der Persönlichkeit. Persona, von ‹personare› = hindurchklingen, bezeichnet die Maske, welche die Schauspieler der antiken Tragödie trugen. Die Persona wird durch das Milieu und die Erziehung geprägt, in der ein Mensch aufwächst und lebt. Eine Identifikation mit der Persona, der Rolle, die im Leben übernommen wird, hat eine Überanpassung an äußerliche Gegebenheiten zur Folge. Eine korrekte Maske schützt vor neugierigen und zudringlichen Blicken, vor allem dort, wo Nöte und Probleme verdeckt werden sollen. Solange sich die Persona auf ihre Funktion als schützende Hülle beschränkt, indem sie die Intimsphäre der Eigenwelt abschirmt, ist sie wichtig und sogar lebensnotwendig. Wo sie aber zur freundlich lächelnden Maske erstarrt, weil sie Probleme verdecken soll, handelt es sich um eine Vortäuschung falscher Tatsachen.

Die unvollendete Hauszeichnung der zehnjährigen DORIS (S. 37) präsentiert ein freundliches, blumengeschmücktes Haus. Die Fenster sind mit viel Liebe und Sorgfalt gestaltet. Ausdruck für ein friedliches Zuhause, für Geborgenheit und Problemlosigkeit. Da drängt sich die Frage auf, ob hinter so viel malerischer Dekoration ein ebenso sorgfältig gepflegtes Innenleben herrscht? Sollen die Blumen und die roten Herzen etwa ablenken, sollen sie eine heile Welt vortäuschen, die gar nicht existiert?

Doris stellt tatsächlich eine Wunschwelt dar. Ihre Eltern sind geschieden. Weil die Mutter berufstätig ist, sind die Kinder häufig auf sich selbst gestellt. DORIS muß sich um die jüngere Schwester kümmern. In der Schule hat sie Konzentrationsschwierigkeiten, ist leicht ablenkbar und sitzt oft völlig gedankenverloren da.

Es stellt sich die Frage, weshalb sich beim Betrachten dieser blumengeschmückten Fenster Zweifel melden. Ausschmückungen können durchaus positiv sein und den Ausdruck echter Lebensfülle darstellen. Bei Doris ist es die stereotype Wiederholung des Motivs, dem keine echte Lebendigkeit innewohnt, die Zweifel erweckt.

In der Hausfassade spiegelt sich auch häufig der Charakter fremder Kulturen. Ein Hinweis dafür, daß Kinder mit dem Haus nicht nur ihren Wohnort abbilden, sondern auch ihre ursprüngliche Herkunft und deren Kultur zum Ausdruck bringen. (S. 36)

Eine übermalte Hauswand. SABINE (S. 36) Durch die kräftige Übermalung eines großen Teils der Fassade ist das Gleichgewicht des Hauses gestört. Die Verschiedenartigkeit der beiden Hausteile wird durch die mit wenigen Strichen angedeutete rechte Seite verstärkt. Es ist unklar, ob es sich dabei im obern Teil um eine Holzkonstruktion oder ein Spaliergitter, im untern Teil um ein kleines Fenster oder eine Türe mit großem Griff handelt. Das Haus wirkt schwer zugänglich.

Der Eintritt in den Kindergarten wurde für die 6/2 Jahre alte SABINE auf Wunsch der Eltern um ein Jahr hinausgeschoben. Gegenüber der Kindergärtnerin wurde diese Maßnahme nicht näher erläutert. Die Eltern gehen wenig aus sich heraus und leben auch in ihrem Wohnquartier zurückgezogen.

Die große violette Fläche drückt etwas von dieser Undurchsichtigkeit aus. Wie ein dichter Vorhang schirmt sie alles ab, was nach außen dringen könnte. Nur einige wenige Details liefern Informationen. In einem auffallenden Kontrast steht die orange Menschenfigur zum violetten Hausteil. Violett, eine Mischfarbe zwischen Rot und Blau, hat verschiedene Bedeutungen. Sich weder für die eine noch die andere Grundfarbe zu entscheiden, wird von Riedel als schwebende Unentschiedenheit bezeichnet. Im Kirchenjahr spielt Violett in der Passionszeit und im Advent eine entscheidende Rolle. Es handelt sich jedesmal um eine Vorbereitungs- und Wartezeit, die auf ein wichtiges Ereignis ausgerichtet ist. Im Gegensatz dazu steht Orange. Diese Farbe wird von aktiven, unternehmungsfreudigen und energischen Menschen gewählt. Durch die gegensätzliche Farbgebung von Haus und Mensch stellt sich die Frage, ob sich die Überlegungen der Eltern mit den Bedürfnissen des Kindes decken. Die Position der Person ganz rechts deutet an, daß Sabine gerne einen Schritt in die Zukunft tun möchte. Das aktive Orange unterstreicht diese Absicht. Die Zeit, die das Mädchen in der beschützten Welt des El-

Cécile, 10 Jahre (S. 41f.)

ternhauses verbracht hat, ist vorbei. Dafür stehen auch die orangen Blumen hinter dem Gartenzaun.

Dieses Beispiel macht deutlich, wie vorsichtig man sich an eine Interpretation herantasten muß. Auch wenn einzelne Teile aufdringlich ins Auge springen, bleibt anderes durch wenig Ausgestaltung unklar und kann höchstens zu Fragen und Vermutungen Anlaß geben.

Die Tür

Sie symbolisiert den Übergang und verbindet im Haus den Innen- mit dem Außenraum. Sie veranschaulicht den Begriff des Geöffnet- oder Verschlossenseins. Verschiedene Redewendungen weisen auf die große Bedeutung hin, mit dem die Tür Formen unseres Zusammenlebens bildlich darstellt:
– Ein offenes Haus haben. Die Zeichnung von Claudia (S. 33) gibt ein Bild davon.
– Zwischen Tür und Angel.
– Jemanden vor die Tür setzen.
– Mit der Tür ins Haus fallen.
– Sich ein Hintertürchen offenhalten.
– Offene Türen einrennen.

Neben der Haustür wird mit der Nummer und dem Namensschild angezeigt, wer da wohnt. Diese Stelle wird hin und wieder ausgewählt, wenn Kinder auf ein ganz spezielles oder aktuelles Problem aufmerksam machen wollen. Ein Mädchen, das mit großen Einschlafproblemen kämpfte und damit die ganze Familie in Unruhe versetzte, zeichnete klein, aber nicht zu übersehen neben die Haustüre ein Bett. In einem anderen Fall zeichnete ein schwerkrankes Kind eine Uhr neben die Türe. Ein deutlicher Hinweis, daß seine Lebenszeit bald abgelaufen war.

Fehlt in einer Hauszeichnung die Türe, erhebt sich die Vermutung, es könnte eine Sprachstörung vorliegen. Dies bestätigen häufig Kindergärtnerinnen und Logopädinnen. Nicht immer kann ein Haus mühelos betreten werden. Schwellen oder Treppen erschweren den Zugang. Rückzug auf sich selbst und Distanz zur näheren Umgebung führen vor allem in der Pubertät dazu, daß solche Schwellen eingebaut werden. (Abb. S. 41)

Häuser mit zwei Türen
Die zehnjährige CÉCILE (S. 40) zeichnet, ganz an den rechten Bildrand geschoben, ein zweigeteiltes Haus mit zwei Türen. Die linke Fassadenfläche wird durch viele Fenster unterteilt, während sich auf der rechten Seite ein einziges, etwas größeres Fenster befindet, das aber nur mit Bleistift gezeichnet ist, im Gegensatz zum braunen Filzstift, der für alles übrige verwendet wird. Ein sehr bemerkenswertes Detail: Dieses Fenster hat ein Diagonalkreuz. Diese Kreuzform wird verwendet, um etwas durchzustreichen oder auf ein Verbot hinzuweisen.

Jeder Hausteil hat einen eigenen Zugang. Zweigeteilte Häuser mit separaten Zugängen werden häufig von Kindern gezeichnet, deren Eltern getrennt leben oder geschieden sind. Für solche Kinder, die meistens der Mutter zugesprochen werden, teilt sich das Elternhaus. Beim Vater halten sie sich nur noch besuchsweise auf. Das Zusammenleben konzentriert sich auf einen Elternteil. Cécile lebt mit ihren Geschwistern bei der Mutter, den Vater sieht sie sehr selten. Das Ungleichgewicht der beiden Hausteile macht dies deutlich.

Eine Zweiteilung findet sich auch bei den Sonnenstrahlen. Diese vermitteln ein Bild, wie Kinder zwischenmenschliche Beziehungen erleben. (Zur Sonne siehe Erika Urner: «Kinder sprechen in Schrift und Zeichnung», Orell Füssli/Pro Juventute, 1983) Die langen, gelben Strahlen setzen am Sonnenkörper an. Kurze, orangerote und rote

DANIEL, 11 JAHRE (S. 41)

Strahlenstücke sind in zwei Reihen versetzt in die Zwischenräume plaziert. Abgesetzte Strahlen können häufig zu Beginn der Pubertät beobachtet werden, wenn sich die Kinder langsam ablösen und selbständig werden, oder wie bei Cécile, wenn sie die elterliche Zuwendung nicht mehr als etwas Einheitliches, Ganzes erfahren.

Zweigeteilte oder zwei einzelne Häuser zeichnen auch Kinder, die während der Woche in einer Pflegefamilie leben, in einem Internat zur Schule gehen oder adoptiert wurden. Damit machen sie deutlich, daß sie ihr Zuhause, Geborgenheit und Zuwendung an zwei verschiedenen Orten erleben. Adoptiv- und Gastarbeiterkinder erinnern auf diese Weise daran, daß sie ihre Wurzeln, ihr Herkommen in einem andern Land, einer andern Kultur haben.

Ein buntes Dach (S. 43)

Die Zeichnung entstand zum Thema Sonne, Haus, Mensch. HATICE, sieben Jahre alt, besucht die erste Klasse in der Sonderklasse A (der Lehrstoff wird auf zwei Jahre verteilt).

Das Haus fällt durch die vielen farbigen Streifen auf, die sich im Kleid des Mädchens wiederholen. Einen häufigen Farbwechsel zeigt auch die Blume ganz rechts im Bild. Das Haus hat nicht nur eine Außenfassade, es sind auch einige Utensilien der Inneneinrichtung zu sehen. Augenfälliger als die Tür und die kleinen Fenster sind die brennende Lampe sowie der Tisch und der Stuhl. Tür und Fenster sind nur mit wenigen Strichen angedeutet. Das läßt die Vermutung aufkommen, Kommunikation spiele bei Hatice keine große Rolle. Im Innern des Hauses wird Licht angezündet, obwohl draußen die Sonne scheint. Besonders ausdrucksvoll gestaltet ist das Gesicht des Mädchens: die großen blauen Augen mit den langen dunklen Wimpern, einem breiten roten Mund und einer kräftigen Nase. Daneben wirken die stumpfen Arme und Beine ohne Hände und Füße hilflos und undifferenziert. Ein dicker langer Hals schiebt sich trennend zwischen Kopf und Körper. Der auffallende Wechsel von intensiv und bunt ausgestalteten Partien im Haus wiederholt sich beim Mädchen.

Das Licht im Haus, die großen Augen und die Hervorhebung einzelner Flächen durch häufigen Farbwechsel weisen auf eine starke Betonung der visuellen Wahrnehmung. Eine solche Überbetonung hat meistens kompensatorischen Charakter.

Zu Hause und in der Schule fiel Hatice durch ihr Verhalten auf. In der ersten Klasse konnte sie dem Unterricht nicht folgen und wurde deshalb in die Sonderklasse A versetzt. Nach Aussage der Lehrerin wiesen manche Probleme im Lernverhalten auf Wahrnehmungsausfälle hin. Dem Vater fiel auf, daß sie häufig nicht reagierte, wenn sie angesprochen wurde. Eine gründliche ärztliche Untersuchung brachte Klärung. Hatice war stark schwerhörig. Was ihr über das Gehör entging, kompensierte sie über die Augen, exaktes Betrachten und Unterscheiden. Durch eine Operation konnte der Hörschaden weitgehend behoben werden.

Haus mit Dachtraufe und Seelenfenster (S. 43)

Die Hauszeichnung des 5/10 Jahre alten OLAF ist reich ausgestaltet. Die einzelnen Elemente sind gut über den großen Raum (Format A 3) verteilt. In die Augen springt das rote Dach mit der Dachtraufe, aus der eine rote Flüssigkeit in ein rotes Gefäß fließt. Auffallend sind auch die schwarz gezeichneten Fenster mit Fensterkreuzen und der schwarze Punkt im Dach, das Seelenfenster.

Die Bedeutung dieser Merkmale kann

Olaf, 5/10 Jahre (S. 42, 44)

Hatice, 7 Jahre (S. 42)

Marc Chagall

Johannes Itten

besser verstanden werden, wenn man weiß, daß der Vater von Olaf durch einen Unfall ums Leben kam.

Der Dachtraufe wird in der Volkskunde eine ganz besondere Bedeutung beigemessen. Um auszudrücken, daß man von einem Mißgeschick ins nächste, noch schlimmere gerät, sagt der Volksmund: «Vom Regen in die Traufe kommen.» Als äußerste Grenze des Hauses bietet sie besonderen Schutz gegen verfolgende Dämonen.

Vereinzelt beobachtete ich auffällig gezeichnete Dachtraufen in Zeichnungen von Kindern, in deren Familien sich ein Todesfall ereignet hatte wie bei Olaf. In seiner Zeichnung entstand der Eindruck, vom roten Dach fließe Blut in das Becken. Eine verständliche Darstellung, angesichts eines Unfallgeschehens. So ist anzunehmen, daß Olaf intensiv über sein Schicksal nachdenkt, was die roten Haare bestätigen. Die schwarz gerahmten Fenster, besonders aber das schwarze Seelenfenster im Dach, finden sich häufig im Zusammenhang mit einem Todesfall.

Das Seelenfenster

Das runde Fenster im Dachgiebel wird von vielen Kindern gezeichnet, obwohl es in städtischen Siedlungen höchst selten anzutreffen ist. Wir finden es in Bergregionen, im Bündnerland und im Wallis, meist bei alten Walserhäusern. Eine große Bedeutung erlangte das Seelenfenster im 16. und 17. Jahrhundert während der Pestzeit. Der Brauch, nach Eintritt des Todes das Fenster zu öffnen, soll es der verstorbenen Seele erleichtern, den Weg ins Jenseits anzutreten. Daher die Bezeichnung Seelenfenster. Daß dieses häufig im Dachraum anzutreffen ist, hängt mit der Vorstellung zusammen, daß sich die verstorbene Seele zuerst auf das Dach, den höchsten Punkt des Hauses begibt. Bei einer Totenzeremonie, wie sie Carl Hentze in «Das Haus als Weltort der Seele» beschreibt, besteigt jemand, nachdem der Tod eingetreten ist, das Dach des Sterbehauses und schwenkt die Kleider des Verstorbenen, um ihn zurückzurufen.

Totenzeremonien spielen sich in vielen Kulturen im Dachraum ab. Ein Beispiel findet sich auch bei Marc Chagall. Er malte 1944 kurz vor dem Tod seiner Frau Bella das Bild «Das Haus mit dem grünen Auge». (Siehe Skizze S. 44) Aus dem übergroßen Dachgiebel des breiten Hauses ist ein großes Seelenfenster als Auge auf den Betrachter gerichtet.

Auch Johannes Itten malte in einem Bild (siehe Zeichnung S. 44), das 1921/22 anläßlich der Geburt seines Sohnes entstand, ein Seelenfenster. Verschiedene stilisierte Gegenstände aus der Spielwelt umgeben das Kind. Ein Haus, aus farbigen Würfeln zusammengesetzt, zeigt im Giebel ein rundes Fenster mit einer Mondsichel. Die Mondsichel als Symbol für das Leben ist bei Chagall abnehmend, bei Itten zunehmend. Beide Künstler sind aufs engste mit der Symbolwelt vertraut und gestalten sie in ihren Werken.

In der Religionsgeschichte wird das Giebelfenster auch mit dem dritten Auge in Verbindung gebracht. Im Buddhismus ist es das Symbol der inneren Schau. Ich habe die Beobachtung gemacht, daß Kinder noch einen ganz direkten Zugang zu dieser Symbol- und Bilderwelt haben und das in ihren Zeichnungen zum Ausdruck bringen. Es handelt sich da um Ursymbole, deren Aussagekraft ihre Gültigkeit über Jahrtausende bewahrt haben.

Im Bild von Itten wird deutlich, daß die dreieckige Giebelfläche nach dieser Raumgestaltung verlangt und geradezu einer zwingenden Gesetzmäßigkeit untersteht. Das Dach in Dreiecksform symbolisiert das geistige Prinzip, die göttliche Trinität. Der Kreis als Bild der Ganzheit vervollständigt dieses Zeichen. Das Leben, ein Kreislauf ohne Anfang und Ende, findet im Seelenfenster, welches die beiden Künstler als Trinitätssymbol darstellen, eine eindrückliche Gestaltung.

Der Rauch

Als Symbol bildet er eine Verbindung von Himmel und Erde, Geist und Materie, oben und unten. Die Rauchsäule ist damit auch ein Symbol für die Weltachse.

In der Hauszeichnung wird der Rauch, wie die nachfolgenden Beispiele zeigen werden, äußerst vielfältig dargestellt. Rauch wird nur dort sichtbar, wo auch ein Feuer brennt. Der Kaminrauch bedeutet, daß ein Haus bewohnt wird. Es ist jemand da, der heizt oder kocht. Hüterin des Herdfeuers ist zu allen Zeiten die Frau. Ob und wie sie diese Aufgabe verrichtet, ist auch nach außen im Rauch sichtbar.

Durch Rauchzeichen wurden früher Botschaften vermittelt. In 2. Mose 19 heißt es: «Der ganze Berg Sinai aber rauchte, darum daß der Herr herab auf den Berg fuhr mit Feuer; und sein Rauch ging auf wie ein Rauch vom Ofen, daß der ganze Berg sehr bebte.» Daraufhin vernahm Mose die zehn Gebote. Auch bei den Indianern waren Rauchzeichen als Nachrichtenübermittlung bekannt. Im Mittelalter wurden sie zur Übermittlung von Botschaften im selben Sinn verwendet.

Die Rauchwolken in Kinderzeichnungen können aufschlußreiche Hinweise geben auf die Atmosphäre, welche im Innern des Hauses herrscht. Umfang, Gestaltung und Richtung der Rauchwolken liefern ein recht genaues Bild, wie Kinder ihr Zuhause erleben. Die nähere Betrachtung der Zeichnungen wird zeigen, daß der Rauch als nonverbale und unbewußte Mitteilung ein Bild davon gibt, wie spontan, gehemmt, kontrolliert, übersprudelnd, unbeschwert, heiter oder düster die Stimmung im Hause bzw. im Kinde ist.

Rauch entweicht dem Kamin in einer sich rasch verändernden Form. Kaum hat er sich

‹KRITZELRAUCH› ANDREA, 6 JAHRE (S. 46, 57)

gebildet, löst er sich auf, es drängen neue Rauchwolken nach und deuten für kurze Zeit Umrisse an, die sich sofort wieder verflüchtigen.

Wenn das Kind Rauch zeichnet, muß es dieses ständig sich verändernde Gebilde als Spur fixieren. Um diese Bewegungsspur zu gestalten, wählen Kinder häufig Formen, die sich an die Schreibspur unserer Schrift anlehnen.

Neben der Vielfalt der Formen geben die Rauchschriften Gelegenheit, die Gestaltung des Strichablaufs genau zu verfolgen.

Schönwetterräuchlein. GISELA, 6 Jahre (S. 47). In leichten, aber doch kräftigen Kringeln steigt GISELAS Rauch erst senkrecht aufwärts und zieht sich nachher in einer Diagonale nach rechts weiter, wo er sich gegen das Ende hin aufzulösen beginnt. In der Strichführung vereinigen sich straffe Zielgerichtetheit mit spielerisch lockerem Schwung. Diese Bewegungsabfolge deutet darauf hin, daß sich Gisela leicht und unkompliziert äußern kann und die Voraussetzungen hat, einen Sachverhalt rasch aufzufassen und zu verarbeiten.

Kritzelrauch. ANDREA, 6 Jahre (S. 46). ANDREAS Rauch wirkt ebenfalls unkompliziert. Sie kritzelt ihn in einem Zug steil aufsteigend mit wenig gesteuerten Auf- und Abbewegungen. Gezielte Einzelbewegungen, wie sie fürs Schreibenlernen von Zahlen und Buchstaben notwendig sind, bereiten ihr noch recht Mühe. Bei den Vorhängen wird deutlich sichtbar, wieviel Anstrengung es sie kostet, diese zu formen. Im Rauch benützt sie die Gelegenheit, sich durch weniger anstrengende Bewegungen Luft zu verschaffen und sich zu entspannen.

Rauchkreis. MARKUS, 6 Jahre (S. 46). Die Feinmotorik von MARKUS bewegt sich zwischen stark verkrampfter Anspannung (Berge) und widerstandsschwachem, planlosem Herumtasten. Die weitgezogenen, leichten Wellenbewegungen seines Rauchs ziehen sich zuerst suchend vorwärts und fal-

‹RAUCHKREIS›, MARKUS, 6 JAHRE (S. 46, 57)

‹Schönwetterräuchlein›, Gisela, 6 Jahre (S. 46, 56, 62, 66f.)

‹Weihrauch›, Martin, 7/2 Jahre (S. 32, 48)

len dann, bedingt durch den Rand, mit einer Linkswendung zu Boden. Zusammen mit dem Haus bildet dieser Rauch eine schützende Hülle um den kleinen Mann. In diesem Rauch drückt sich der Wunsch nach Geborgenheit aus. Markus konnte noch nie ein beständiges Zuhause erleben. Er mußte häufig das Heim wechseln. Seit wenigen Wochen lebt er nun in einer Pflegefamilie. Seine Erfahrungen finden im Haus und in der körperlosen Menschenfigur, die beide keinen Boden unter den Füßen haben ihren Niederschlag.

Weihrauch. MARTIN, 7/2 Jahre (S. 47). MARTIN zeichnet eine Kirche, die natürlich keinen Kamin trägt. Dafür bringen zwei der drei Könige Weihrauch dar. Während ein Rauch senkrecht bis zum Bildrand aufsteigt, biegt der des vordersten Königs in halber Höhe nach links gegen die Sonne ab. Die feinen, weitgezogenen Spiralen des Weihrauchs mischen sich mit den zarten Wolkenkringeln. Mit dem Weihrauch steigen Gebete und Wünsche zum Himmel. Hier werden sie von den Wolken aufgenommen und weitergetragen. Viel Sinn für Gefühlsempfindungen und Atmosphäre breitet sich über der Szene aus. Martin ist ein Einzelkind. Beide Eltern sind berufstätig. Er ist deshalb häufig sich selbst überlassen. Mit dieser Weihnachtszeichnung im Februar gibt er uns zu verstehen, wann er sich besonders geborgen fühlt. Deutlich drückt er das auch mit der Kirche aus, die wie gesagt immer dann an Stelle eines Hauses gewählt wird, wenn Kinder einen Nachholbedarf an mütterlicher Zuwendung haben.

Rauchschleifen. THOMAS, 7 Jahre (S. 48). Groß und wild überziehen sie fast die Hälfte des Zeichnungsraums. Eine heftige Entladung ist da im Gange. Das Feuer, das so starken Rauch verbreitet, deutet darauf hin, daß der Junge mit einem Beziehungsproblem nicht fertig wird. Starke Emotionen schüren das Feuer und hinterlassen viel Rauch. Nachdem Thomas mehr als sechs Jahre lang Einzelkind war, muß er jetzt eine kleine Schwester akzeptieren. Seine Reaktion auf diese neue Situation ist heftig. Die Rauchwolken verdüstern den ganzen Himmel und verdecken sogar die Sonne. Er reagiert auch somatisch auf diese Veränderung im häuslichen Milieu, indem er Schlafstörungen hat und unter Migräne leidet. Im

‹RAUCHSCHLEIFEN›, THOMAS, 7 JAHRE (S. 48)

‹KERZE MIT FLAMME›, JANINE, 7 JAHRE (S. 49)

Kindergarten ist er nervös und impulsiv. Die kleine rote Menschenfigur mit hochrotem Kopf und rotem Körper bestätigt die erwähnten Symptome. Die langen ausgestreckten Finger demonstrieren die Abwehr von allem, was ihn derart beunruhigt.

Rauchpunkte. RONA, 7/3 Jahre (S. 13). Aus RONAS Kamin entweichen in einem leichten Bogen und in gleichmäßigen Abständen fünf Rauchpunkte. Dieser wohldosierte Rauch wirkt dekorativ und entspricht ihrer Vorliebe bei passenden Gelegenheiten (Sonne, Kleider, Ente) farbige Punkte als schmückende Verzierungen anzubringen. Der Punkt ist hier Ausdruck für ihre stark kontrollierte und beherrschte Wesensart.

Kerze mit Flamme. JEANINE, 7 Jahre (S. 48). Jeanine zeichnet Kamin und Rauch wie eine Kerze mit Flamme. Auch hier entweicht der Rauch in einer kleinen Portion. Mit wenig sicheren Strichen ist er als eine in sich geschlossene Form gezeichnet.

Beide Rauchformen, die Punkte von RONA und die Kerzenflamme von Jeanine, sind typisch für stark angepaßte Kinder.

Rauchlinie. MARC, 7 Jahre (S. 49). Der Rauch steigt als feine Zackenlinie gegen den Himmel. In der Ausführung stehen Rauch und Kamin in einem Gegensatz zur Darstellung des Hauses. Auf dieses wurde viel weniger Sorgfalt verwendet, wodurch es etwas vernachlässigt erscheint. MARC hat seine ganze Aufmerksamkeit der Rauchgestaltung zugewendet. Mit kleinen Zackenschritten, zweimal wird ein Richtungswechsel eingelegt, sucht er sich den Weg nach oben und zeigt in der Schlußbewegung zur kleinen Sonne. Dieser Rauch erinnert an einen Kurvenschreiber, der ein unsichtbares Geschehen exakt notiert. Die Rauchlinie verbindet das Haus, die Erde, mit dem Himmel, der geistigen Welt. Kurze Zeit bevor

‹RAUCHLINIE›, MARC, 7 JAHRE (S. 49)

Marc diese Zeichnung anfertigte, starb seine Großmutter. Sie spielte in seinem Leben eine wichtige Rolle. Die Eltern sind beide im eigenen Geschäft tätig und können sich wenig um ihn und seinen kleinen Bruder kümmern. Die Großmutter besorgte den Haushalt und erzog die Kinder. Sie war für Marc die nächste Bezugsperson. Der Bub trauert um sie und macht sich bestimmt Gedanken über Leben und Tod. Während er seine Betrachtungen anstellt, sich beim Zeichnen

‹Rauchfaden›, Anna, 5/8 Jahre (S. 50)

vielleicht auch ein wenig vergißt, vertieft er sich in die Gestaltung des Rauchs und nähert sich mit der Zeichnungsspur der kleinen, in die äußerste rechte Bildecke verbannten Sonne, die wenig Licht und Wärme verbreitet. Auf einer Zeichnung, die Marc ein Jahr früher anfertigte, strahlt die Sonne noch in der Mitte des Blattes. Die Sonne ist in dieser Altersstufe ein Symbol für jene Bezugsperson, die dem Kind im Augenblick am nächsten steht.

Rauchketten. CLAUDIA, 7 Jahre (S. 33).
Auch wenn Claudia ihre drei Häuser genau gleich zeichnet, so unterscheiden sie sich trotzdem in der Gestaltung der Rauchfahnen. Die Häuser erhalten ihre Identität durch den Rauch. Das oberste und das mittlere Haus sind durch eine Rauchkette miteinander verbunden. Das mittlere Haus entwickelt aber noch einen selbständigen, nach rechts abziehenden Rauch, der auf das abgegrenzte Haus rechts unten weist. Hier steigt ein recht voluminöser, spiralig lockerer

Rauch senkrecht auf. Mit diesen phantasievollen Rauchformen projiziert Claudia ihre Situation auf das Papier. Sie hat eine jüngere Schwester, für die sie sich stark verantwortlich fühlt, die sie aber auch zu dominieren versucht. So wie die beiden Häuser durch die Rauchketten miteinander verbunden sind, scheinen die beiden Mädchen voneinander abhängig zu sein. Jetzt vor Schuleintritt zeigt sich Claudias Selbständigkeit. In Zukunft wird sie täglich das Elternhaus und die kleine Schwester verlassen, um die Schule zu besuchen. Während sich der Rauch zwischen den beiden Kaminen etwas träge windet, steigt er im dritten Haus zielstrebig nach oben. Darin zeigt sich deutlich die Vorfreude, mit der angehende Erstkläßler, wie das kleine Mädchen auf dem Bild, auf die Schule zugehen.

Rauchfaden. ANNA, 5/8 Jahre (S. 50).
Ein einziger dünner Rauchfaden verläßt Annas Kamin. Es ist ein sicherer, aber rasch hingeworfener Strich, der kräftig ansetzt und sich gegen das Ende hin fein auflöst. Die «Aussage» reduziert sich auf das Allerwesentlichste. Das, was Anna zu Hause an emotionaler Zuwendung erfährt, beschränkt sich auf das Notwendigste. Die Interessen von Annas Mutter gelten dem eigenen Geschäft. Anna wird verwöhnt. Dieselbe Aussage von Spärlichkeit, wie der etwas flüch-

‹Rauchmütze›, Roni, 7 Jahre (S. 13, 51, 70)

tige Rauchfaden, macht das mit wenig Details gezeichnete Haus, das auch nicht ausgemalt ist.

Rauchmütze. RONI, 7 Jahre (S. 50).
Diese schwere schwarze Rauchmütze sitzt bedrohlich schief auf dem Kamin. Sie könnte jederzeit abrutschen und auf die darunterstehende Figur fallen. Das Bedrohliche dieses Rauchs liegt in seiner geschlossenen, kompakten Masse, die sich nicht auflösen kann. Diese Rauchgestaltung ist ein Beispiel für die Manifestation eines akuten Konflikts, der auf dem Kind lastet. Roni steht kurz vor der Einschulung. Verschiedene Merkmale seiner Zeichnung weisen darauf hin, daß er diesem Schritt nicht unbesorgt entgegensehen kann. Auffallend sind der unsichere, zum Teil verkrampfte, gestückelte Strich. Die asymmetrische Menschenfigur deutet auf eine schlechte Körperwahrnehmung. Roni ist Linkshänder. All diese Faktoren sind deutliche Hinweise für eine organisch bedingte Hirnschädigung, die in diesem Fall auch verantwortlich ist für eine Entwicklungsverzögerung.

Hin und wieder wird kein Kamin gezeichnet oder der Rauch fehlt. Es wäre falsch zu behaupten, in einem solchen Fall mangle es an emotionaler Zuwendung oder häuslicher Geborgenheit. Eine solche Deutung ist erst dann angebracht, wenn sich die Defizite auch in anderen Elementen aufzeigen lassen.

Das Haus in tiefenpsychologischer Sicht

Die Unbefangenheit, mit der Kinder Häuser zeichnen, läßt diese Gestaltungen zu ausdrucksvollen Symbolträgern ihrer innern Bilderwelt werden. Die anthropomorphe Betrachtungsweise erleichtert das Auffinden projektiver Aspekte. In der Hausgestaltung verbindet das Kind Elemente der Wirklichkeit und der Phantasie. Es überträgt seine Befindlichkeit, so daß Rückschlüsse möglich sind, die über Vitalität, Extra- und Introversion sowie Selbstgefühlslage und Konflikte Auskunft geben. Weil sich das Haus als sehr vielgestaltiges Objekt darstellen läßt, eignet es sich besonders, um Konflikte der persönlichen Entwicklung und des sozialen Umfeldes zu spiegeln.

Die tiefenpsychologische Betrachtungsweise von Zeichnungen erlaubt es, die Persönlichkeitsstruktur eines Kindes ganzheitlich zu erfassen. Das Haus als ein Ausdruck der psychischen Gesamtsituation bietet den seelischen Inhalten durch seinen Aufbau eine Möglichkeit, sich auf verschiedenen Ebenen darzustellen, im Dachgeschoß, im Hauskörper, im Keller und im Untergrund. (Siehe Schema S. 53) Jene Hausteile, die uns zugänglich sind, entsprechen dem Bewußtsein. Diese Räume können persönlich gestaltet werden und das Leben, welches sich hier abspielt, untersteht größtenteils unserer Kontrolle.

Der Boden, über dem ein Haus gebaut ist, existiert seit Jahrtausenden und hat vor uns vielen Generationen und Kulturen zur Verfügung gestanden. Überreste, die uns die Existenz dieses urzeitlichen Lebens bestätigen, finden sich manchmal, wenn die Erde für das Fundament eines Neubaus ausgehoben wird. Prägungen, die wir mit vielen Generationen unserer Vorfahren gemeinsam haben, nennt C. G. Jung das kollektive Unbewußte.

Erlebnisse, zurückliegende Ereignisse oder unterschwellig Wahrgenommenes, das wir vergessen oder verdrängen, deponieren wir im dunklen Keller oder in nicht bewohnten Räumen. Der Traum beleuchtet diese beiden dunklen Hauszonen und verschafft uns Zutritt zu unserem persönlichen Unbewußten, zum eigenen Fundament «unseres Hauses».

Jene Hausteile, die uns zugänglich sind, entsprechen dem Bewußtsein. Diese Räume können wir selber gestalten und das Leben, welches sich dort abspielt, untersteht größtenteils der persönlichen Kontrolle.

Die Auswirkungen der Lebensvorgänge auf diesen drei Ebenen durchdringen sich. Der Alltag spielt sich im hellen Licht des Bewußtseins ab, kann aber gestört werden durch Ablenkungen, Fehlleistungen oder – besonders bei Kindern – durch Tagträume. Bei einer Begebenheit während des Tages, bei einem Bild, einer Melodie oder einer Begegnung mit einem Menschen, werden wir daran erinnert, daß im «Keller des persönlichen Unbewußten» Inhalte lagern, denen wir unsere Aufmerksamkeit zuwenden sollten. Wie schon erwähnt, können der Traum, aber auch Gestalten aus Märchen und Mythen, die Verbindung zu diesen tieferen Schichten unserer Persönlichkeitsstruktur herstellen. Je nach Alter und Lebenssituation liegt das Schwergewicht in der Ausgestaltung der Hauszeichnung auf verschiedenen Ebenen. Auf den Hauskörper und die Fassade konzentrieren sich bei Kindern natürlicherweise die häufigsten Merkmale. Persönliche Empfindungen und Gefühle spiegeln sich in dieser Bewußtseinsebene.

(Abb. S. 37). Je nach Veranlagung versuchen manche Kinder ihre Erfahrungen mehr übers Begreifen zu verarbeiten. Sie betonen dann häufig das Dachgeschoß (Abb. S. 60, 63 unten).

Kellerräume oder in den Boden verlegte Wohnräume entstehen erst zu Beginn der Pubertät.

Die Entwicklung und Differenzierung der Hauszeichnung läuft parallel zur persönlichen Reifung des Kindes. Während die Sechs- bis Siebenjährigen ihre Häuser in der Regel mit zwei Fenstern und einer Türe zeichnen, wird das Haus während des Realalters (acht bis elf Jahre) erweitert. Mehrere Fenster in der Fassade oder räumliche Tiefe durch perspektivische Darstellung sowie Anbauten bereichern den Bau. Die anthropomorphen Darstellungen bei kleineren Zeichnern und die phantasievollen Traumhäuser bei älteren Kindern (Abb. S. 55) erleichtern das Auffinden projektiver Anteile in den Zeichnungen.

Aufschlußreiche Arbeiten, die tiefenpsychologische Aspekte dokumentieren, erhielt ich zum Thema «Mein Traumhaus».

Das Traumhaus

Die Aufgabenstellung des Zeichnungswettbewerbs hieß: «Zeichnet Euer Traumhaus». Dieses sollte wenn möglich so dargestellt werden, daß man in die Räume hineinsehen konnte wie bei einer Puppenstube. (Beispiel S. 55.) Als Bereicherung konnten Personen gezeichnet werden, die eine Tätigkeit ausüben. Eine Umgebung als Garten oder eine Landschaft mit Bergen und Seen sowie Tiere durften ebenfalls dazugehören. Das eigene Zimmer, wenn es als separater Raum dargestellt wurde, sollte mit einem Kreuz bezeich-

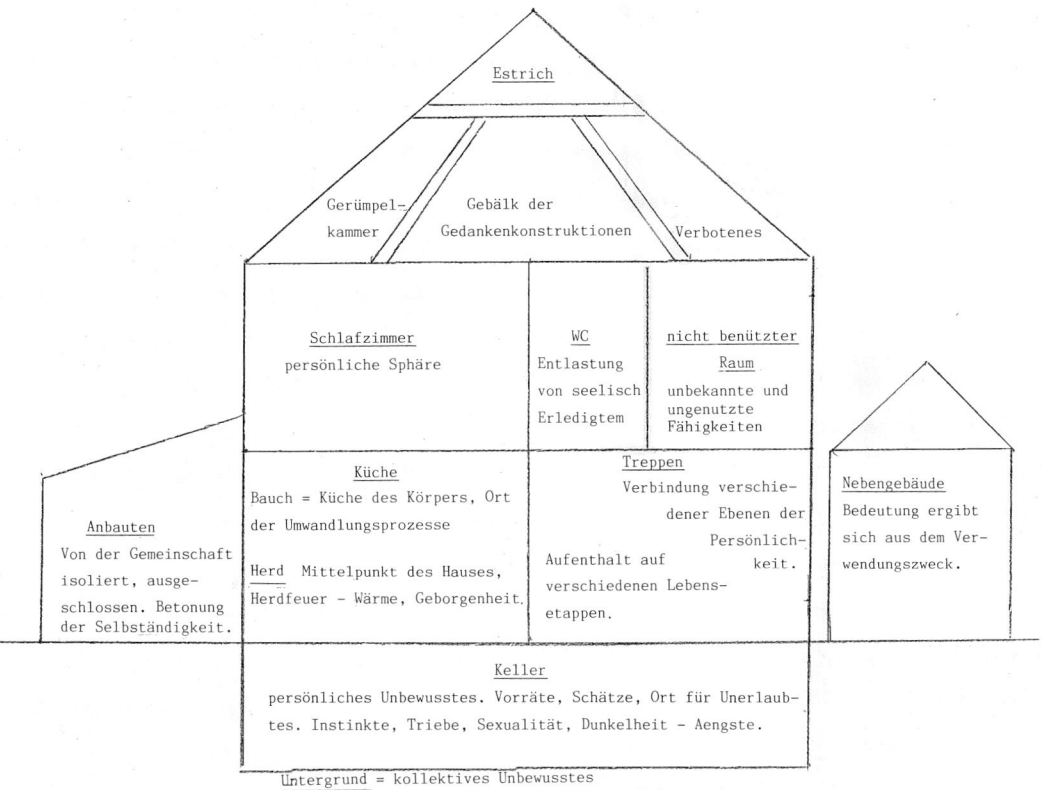

net werden. Mehrheitlich haben sich die Kinder an diese Anweisung gehalten. Ganz vereinzelt entstanden auch Häuser ohne Einsicht in die innere Raumaufteilung.

Im Traumhaus verbinden sich Elemente der Wirklichkeit und der Phantasie, weshalb es sich besonders gut für die Projektion unbewußter Wünsche und Bedürfnisse eignet.

Bevorzugte Räume, die bewußt recht wirklichkeitsgetreu gestaltet wurden, sind das Wohnzimmer, das Arbeitszimmer und die Küche. In der Ausgestaltung des eigenen Zimmers und zum Teil in den angrenzenden Räumen wurden die verschiedensten Wünsche sichtbar: großartige Musikanlagen, Fitneßräume mit einer reichen Auswahl an Sport- und Trainingsgeräten, ein eigenes Hallenbad oder ein Gartenschwimmbad mit Rutschbahn aus dem eigenen Zimmer direkt ins Bassin. Der Traum vieler Mädchen ist der eigene Pferdestall, während Knaben für das eigene Auto oder den Helikopter eine Garage bzw. einen hauseigenen Landeplatz vorsehen.

Für das eigene Zimmer wurde am häufigsten ein Raum in der linken Hälfte des Hauses, in einem oberen Stock oder direkt unter dem Dach gewählt.

Zur Bedeutung der einzelnen Räume siehe auch Schema oben.

Ein ungewöhnliches Traumhaus.
MARY, 8 Jahre (S. 55). Mary beginnt ihre Traumhauszeichnung, während sie krank ist. Als erstes zeichnet sie die blaue Maria, die von einem Lichtschein umschlossen ist und die erhobenen Arme wie zu einer empfangenden Bittgebärde ausstreckt. Was es ist, das diese Figur hervorgebracht hat, sei dahingestellt. Beeindruckend ist die Haltung, die zu Beginn einer schöpferischen Leistung steht. Rechts neben Maria steht ein kleines Mädchen, ebenfalls in blauem Kleid, vor drei Weihnachtsbäumen mit leuchtenden Sternen. Ein jungtes Äffchen darf zuoberst auf einem der Bäume sitzen. Es ist überhaupt auffallend, wie viele Tiere, Pferde, Äffchen und Hasen zur Phantasiewelt dieses Kinderlebens gehören.

Aus dem untersten Geschoß führt eine Treppe hinauf in den nächsten Stock. Wie die Mutter zur Zeichnung erklärte, zeichnete Mary das hinaufsteigende Mädchen, als sie sich wieder gesund fühlte. Oben wird sie auch bereits von einem Kind erwartet. Hier geht es lustig zu und her. Junge Äffchen klettern um die Baumwurzeln, ein Mädchen reitet, und Hasen und Kinder vergnügen sich miteinander auf der Rutschbahn. Im Übermut haben die kleinen Tiere sogar die Farbstifte umgestoßen.

Eine lange steile Treppe führt auf die nächste Ebene. Hier sitzt ein mächtiger, feuerspeiender Drache. Auf seinem Rücken thront stolz und aufrecht der Teufel. Mit einem Sprung konnte sich ein kleines Mädchen gerade noch vor dem Untier in den nahe gelegenen Baum retten. Zuoberst auf der Baumkrone bringen sich die kleinen Affen in Sicherheit. Hier befindet sich auch ein kleines Gehege. Im Hausgiebel direkt über dem Kopf des Drachens glänzt eine große Glocke, die sich nicht zufällig hier am richtigen Platz befindet. Glocken haben u. a. die Aufgabe, böse Geister zu vertreiben und Gefahr abzuwenden.

Im rechten Hausteil, ähnlich einem kleinen Anbau, hat Mary ihre ganz persönlichen Wunschträume dargestellt. Unten ein Stall mit einem eigenen Pony. Eine Leiter führt auf den Heuboden, wo sie ihr Bett aufschlagen möchte. An der Trennmauer wächst eine Kletterrose, die sich mit unerschöpflicher Kraft über das Dach und die linke Seitenmauer hinzieht. Auf diesem Rosendach hält sich die ganze Familie auf. Der Vater reicht der Mutter einen Blumenstrauß. Mary pflückt ebenfalls Blumen, während sich die jüngere Schwester mit einer Krone geschmückt als Prinzessin einem weidenden Pferd zuwendet. Sie hängt noch an Vaters Hosenbein. Anders Mary, sie hat sich etwas von der Gruppe distanziert und abgewendet. Sie betont damit ihre Selbständigkeit.

Ich erachte dieses Traumhaus in zweierlei Hinsicht als eine ganz außergewöhnliche Darstellung: Das Haus ist in drei Ebenen gegliedert. Zuunterst gehören die blaue Maria als Gottesmutter und die drei Weihnachtsbäume zu Symboldarstellungen, die dem kollektiven Unbewußten zuzurechnen sind. Maria und die Kerzen strahlen Licht aus. Wenn wir davon ausgehen, daß es sich bei dieser ersten Etage um das Untergeschoß handelt, so ist es bedeutungsvoll, wenn klärendes Licht schon da anzutreffen ist.

Eine geradezu selbstverständliche Verbindung mit der Natur und dem Instinkthaften zeigt sich in den vielen Tieren, dem kräftigen Baum, der sogar im Hausinnern wachsen kann und den Rosen, die das ganze Dach und das Gebäude umschließen.

Die Marienfigur steht vor einer verschlossenen Türe. Wenn sie diese durchschreitet, springt ihr ein junger Hund entgegen. Der

Hund gilt als treuer Begleiter, der mit sicherem Instinkt den Weg kennt, so daß sich niemand zu ängstigen braucht, auch nicht vor dem Drachen, dem er später begegnet.

Die einzelnen Stockwerke können mühelos, z. T. spielerisch überwunden werden. Neben vielen fröhlichen und positiven Szenen hat auch das Bedrohliche seinen Platz und ist mit einbezogen. Der Drache lebt mit den übrigen Bewohnern unter demselben Dach, aber auf einem eigenen Stock. Jetzt wird deutlich, daß der Baum nicht zufällig seinen Platz im Haus hat. Er ist von alters her eine Zuflucht für Lebewesen, die in großer Bedrängnis sind. Ein Mädchen und ein Äffchen können sich noch rechtzeitig durch einen Sprung vor dem Drachen aus einer lebensbedrohenden Situation in diese Zufluchtsstätte retten. Apothropäische (Unheil abwehrend) Bedeutung hat die Glocke, die die Gefahr abwenden soll.

In den vielen Szenen, die sich in diesem Traumhaus abspielen, fällt auf, daß sowohl Personen als auch Tiere sehr häufig zu zweit und meist auch einander zugewendet erscheinen. So stehen sie zueinander im Kontakt oder im Austausch. Die Bedeutung von lebendiger Beziehungsfähigkeit wird deutlich. Es ist dies nicht nur die Darstellungsweise einer extravertierten Einstellung, sondern vielmehr auch eine eindrückliche Form reifer und lebendiger Beziehungsfähigkeit.

Es stellt sich die Frage, wie es möglich ist, daß sich ein Kind dieses Alters in einer so reichen und differenzierten Symbolsprache ausdrücken kann. Marys Zeichnung besticht einmal durch ihre große zeichnerische Bega-

Mary, 8 Jahre (S. 52, 54ff.)

bung, denn sie vermag die innern Bilder auch graphisch umzusetzen. Von bedeutendem Einfluß ist aber ohne Zweifel das Milieu, in dem sie aufwächst.

Der Vater ist Physiker und Psychotherapeut, die Mutter Musikerin. Mary besucht eine Rudolf-Steiner-Schule und hört im Unterricht schon sehr viele Geschichten aus der Welt der Märchen und Mythen. Elternhaus und Schule regen die Phantasietätigkeit des Mädchens an und schaffen Voraussetzungen für solch reiche und selbständige Leistungen.

Dieses Traumhaus ist ein eindrückliches Beispiel, wie einheitlich sich Instinkt, Seele und Geist darstellen können, wenn ein Kind sich in einem anregenden geistigen Klima entwickeln kann.

Die Persönlichkeitsstruktur

Die bisherigen Ausführungen machten deutlich, wie sehr die Darstellung eines Hauses ein Bild der grundlegenden Erfahrungen von Urvertrauen, Geborgenheit und Beziehungsfähigkeit liefert, die ein Kind in seinem Zuhause erlebt. Diese Prägungen bilden die Voraussetzung für eine gesunde Entwicklung des individuellen Ichs, des Selbstwertgefühls sowie die Bereitschaft, sich auf Lernprozesse einzulassen.

Wieweit Vitalität und die Richtung der zur Verfügung stehenden Kräfte nach außen (extravertiert) oder nach innen (introvertiert) die Entwicklung mitbestimmen, werden die nächsten Beispiele zeigen.

Vitalität, Selbstwertgefühl, Ichstärke

Im Kapitel über den Darstellungsstil wurde bereits darauf hingewiesen, daß sich Vitalität im Strich niederschlägt. Mitbeteiligt sind aber auch die Größenverhältnisse, Farbgebung und Ausgestaltung der Zeichnung. Der Strichverlauf wird geprägt durch die Stärke bzw. Schwäche der zur Verfügung stehenden Energie.

GISELA, 6 Jahre (S. 47). Ihre Zeichnung wurde in E. U.* besprochen. Gisela steht kurz vor der um ein Jahr vorverlegten Einschulung. In ihrer Zeichnung finden sich alle Merkmale, die auf ein großes Maß an Vitalität schließen lassen; die einzelnen Motive sind mit sicherem Strich gezeichnet und mit überwiegend warmen Farben kräftig ausgemalt. Das Haus, in verschiedenen Rottönen gehalten, und der üppig aufsteigende Rauch zeugen ebenfalls für gesunde Lebenskraft. Das Mädchen im reich gemusterten roten Kleid mit einem großen Haarschopf und die mächtige Sonne tragen ihren Teil dazu bei.

Gisela zeichnet die Person nur wenig kleiner als das Haus. Selbstbewußt und unübersehbar steht sie da und betont damit eine gesunde Portion Selbstwertgefühl und Ichstärke. Die einzelnen Objekte sind gleichmäßig über das ganze Bild verteilt. Auch durch die Farbgebung entstehen keine einseitigen Konzentrationen, die das Gleichgewicht stören könnten. Das Haus und die Person sind mit denselben Farben ausgemalt. Damit bringt Gisela zum Ausdruck, daß sie sich zu Hause geborgen fühlt.

Auch FLORIAN, 6/8 Jahre (S. 13), verfügt über viel Vitalkräfte, aber seine gesamten Kräfte stauen sich im schwarzen Dach und im Rauch sowie in der roten Türe. Diese Konzentration erhöht sich durch die Beschränkung auf die beiden Farben und die Verlagerung des Hauses auf die rechte Seite. Florians Kräfte sind blockiert, sie können nicht frei fließen.

---

* Erika Urner: «Kinder sprechen in Schrift und Zeichnung».

Florians Problem wurde bereits erwähnt. Das dominante Verhalten seines älteren Bruders scheint ihn wirklich zu hemmen. Angestaute Gefühle, vielleicht Zorn ballen sich zusammen. Auch er verfügt über viel Energie, diese tritt aber, im Unterschied zu Gisela, negativ in Erscheinung.

Ichschwäche
Die sechsjährige ANDREA (S. 46) wird als ich-schwaches, ängstliches und unsicheres Kind geschildert. Sie zeichnet eher druckschwach, die Strichführung ist schlaff und wenig gesteuert. Die gewölbten Hauswände garantieren wenig Standfestigkeit. Der kleinen Menschengestalt fehlt der Boden unter den Füßen. Mit ihrer schiefen Haltung scheint sie mehr zu schweben als zu stehen. Haus und Mensch sind mit wenigen Strichen und jeweils nur in einer einzigen Farbe – Haus braun, Mensch violett – gezeichnet. Keine einzige Fläche wird ausgemalt. Das Haus erscheint so leer, ohne freundliches Innenleben. Die Farben von Haus und Mensch stimmen nicht überein. Diese Differenz ist typisch für das ich-schwache Kind. Die Bildung von Selbstsicherheit beruht auf einer guten Körperwahrnehmung, der Gewißheit, akzeptiert zu sein und sich geborgen zu fühlen. Diese elementaren, lebensnotwendigen Erfahrungen sollte das Kind im Elternhaus erleben. Andrea hat da ein großes Nachholbedürfnis.

Entwicklungsrückstand aus Mangel an Geborgenheit
MARKUS, 6 Jahre. (S. 46) Die Zeichnung wurde im Kapitel «Rauch» bereits kurz besprochen. Das Haus und die Menschenfigur stehen ohne sicheren Boden unter den Füßen hilflos im Raum. Das kleine dürftige Haus, das eher einem Zelt gleicht, entspricht in der Reife der Darstellung der Leistung eines Vierjährigen. Die Türe, einem Schlupfloch ähnlich, und das einzige Fenster verstärken den Charakter des Provisorischen. Dies paßt zu den Lebenserfahrungen von Markus. Er hat ein Zuhause bisher immer nur auf Zeit erlebt. Immer wieder mußte er seine «Zelte abbrechen», wenn er von einem Heim zum andern geschoben wurde. Wechselnde Behausungen und Bezugspersonen ließen kein Gefühl von Beheimatetsein aufkommen. Die fehlende Sicherheit verhinderte eine altersgemäße Reifung, vor allem aber auch die Entwicklung von Selbstwertgefühl, Ichstärke und Vertrauen in die eigenen Fähigkeiten. Die weitgezogene, lockere Wellenlinie des feinen Rauchs steht in krassem Gegensatz zur verkrampften Zackenreihe der Bergkette. Durch Unsicherheit in der Druckgebung entstehen einmal ein feiner, aber schlaffer Strich, ein anderes Mal wird er kräftiger, dafür aber verkrampft. Die vorhandenen Lebenskräfte können nicht sinnvoll eingesetzt werden, stauen sich, wie das die Zackenreihe der Berge zeigt, oder erlahmen wie der Rauch, der nach unten sinkt als Ausdruck eines Lebensgefühls, das sich mit dem Satz «alles nur Schall und Rauch» umschreiben läßt. Viele Hoffnungen haben sich wohl schon in Nichts aufgelöst. Das Gefühl, keine Exdistenzberechtigung zu haben, drängt sich Markus auf. Unter solchen Voraussetzungen ist die Entwicklung eines gesunden Selbstwertgefühls sehr erschwert.

Der kleinen Menschenfigur zeichnet Markus keinen Körper. Eine Selbstschutzhaltung, denn ohne Körper empfindet er die Verletzungen, die ihm widerfahren, weniger schmerzlich. Mit großen Augen verfolgt er das Geschehen. Den Wunsch, «in guter Hut» oder «behütet» zu sein, drückt er mit dem großen Hut aus. Zur Zeit steht ihm noch eine hohe, zackige Bergkette vor der Sonne, deren kurze Strahlen wenig Wärme verbreiten und ihn kaum erreichen.

Alle aufgeführten Merkmale weisen auf einen depressiven Verlauf der psychischen Energie hin. Bei Markus bewirkt das eine markante Entwicklungsverzögerung, die sich in allen Bereichen der Persönlichkeitsentfaltung bemerkbar macht.

Extraversion – Introversion
Diese polaren Typen sind nicht als Charaktere zu verstehen, sondern als Reaktionsweisen der Gesamtpersönlichkeit. Im Unterschied zu anderen Typologien ist dabei in der Jungschen Psychologie nicht nur das Bewußtsein beteiligt, sondern als kompensatorisches Element auch das Unbewußte. Die folgenden Beispiele, welche die beiden Einstellungstypen darstellen, sollen aber nur die Hauptmerkmale aufzeigen. Der Einbezug unbewußter Elemente wäre in diesem Zusammenhang unangebracht.

Der extravertierte Mensch reagiert vor allem spontan auf die Geschehnisse in seiner Umwelt. Er ist erlebnishungrig, liebt Gesellschaft, und ist angewiesen auf zwischenmenschliche Kontakte. Er hat ein großes Mitteilungsbedürfnis. Aktivität und Unternehmungsfreudigkeit zeichnen ihn aus, dies kann aber auch in leere Betriebsamkeit ausarten.

Der Introvertierte ist eher schüchtern, verschlossen, meidet große Gesellschaften und geht lieber seine eigenen Wege oder zieht sich ins Schneckenhaus zurück. Er gewährt nur ungern Einblick in sein Innenleben. Zu Menschen und Dingen hat er eine kritische Distanz. Wenn er sich auf eine Angelegenheit einläßt, vertieft er sich gerne gründlich in sie.

Merkmale in Zeichnungen:

Extraversion
gut ausgefülltes Blatt
reiche Ausgestaltung
viele Elemente
große und viele Fenster
große, evtl. offene Türe
Rechtsbetonung
kräftige Farben

Introversion
Objekte über den ganzen Blattraum verteilt mit großen Zwischenräumen
eine Vielzahl von vereinzelten Elementen
spärliche Ausgestaltung
wenige und kleine Fenster
kleine Türe
Linksbetonung
zurückhaltende Farbgebung

Claudias Zeichnung wurde bereits auf Seite 32 besprochen. Wir finden hier alle aufgeführten Merkmale, welche die Extraversion kennzeichnen, am ausgeprägtesten zeigt sich die Rechtsbetonung. Die Anordnung der Häuser von oben links nach unten rechts, die Rauchwolken, das kleine Gefährt und das im Profil gezeichnete Mädchen, das nach rechts unterwegs ist, betonen diese Richtung. Die großen Haustüren, zu denen ein Weg direkt von der Hauptstraße abzweigt, weisen auf einen offenen und ungehinderten Zutritt hin. Neben großen Fenstern steht die Türe als Symbol für Offenheit, Zugänglichkeit und Gesprächsbereitschaft des extravertierten Menschen.

Die Zeichnung der elfjährigen Rahel (S. 59) entstand zum Thema Traumhaus. Hier finden sich einige typische Merkmale, die den introvertierten Zeichner charakterisieren. Die einzelnen Elemente sind klein

Rahel, 11 Jahre (S. 58, 60)

Claudio, 5/10 Jahre (S. 61)

Sämi, 9/6 Jahre (S. 18, 28, 60)

und stehen, isoliert durch große Abstände, ohne gegenseitigen Bezug etwas verloren da. Die Linksbetonung zeigt sich beim Mädchen, das die Treppe hinaufsteigt sowie bei den beiden Tieren und bei verschiedenen Einrichtungsgegenständen, die nach links gerichtet sind.

Im Unterricht ist Rahel still und unauffällig. Selten meldet sie sich unaufgefordert. Oft wirkt sie etwas verträumt und scheint geistesabwesend.

Der 9½jährige Sämi ist ebenfalls ein sehr nach innen gekehrtes Kind. Er zeichnet ein schmales hohes Haus, fast ausschließlich in kühlem Blau. Die weiße Fassade gibt kaum Hinweise auf Vorgänge, die sich im Innern des Hauses abspielen, wie wir das bisher öfters angetroffen haben. Dem Haus fehlt auch ein Kamin und damit der Rauch. Die hochgelegenen, stark getönten Fenster mit den kräftigen schwarzen Fensterkreuzen verweigern einen geselligen Austausch. Was sich dahinter abspielt, geht offenbar niemanden etwas an.

Introvertierte haben innerhalb einer Klasse oft keinen leichten Stand. Sie werden häufig falsch verstanden, weil sie sich ungern erklären. Sämi ist sehr ehrgeizig und verschafft sich durch gute Leistungen die Achtung der Klassenkameraden. Das hohe, spitze Dach mit den sorgfältig gezeichneten Ziegeln bringt seinen Ehrgeiz zur Geltung.

Geborgenheit

Das Haus als erster Lebensraum

Sinnverwandte Ausdrücke verdeutlichen, was Geborgenheit bedeutet: geschützt, gesichert, behaust sein. Der Mutterleib, die erste Behausung, spendet dem werdenden Menschen alles, was er zum Gedeihen nötig hat. Auch nach der Geburt wird das Kind gepflegt und liebend umsorgt. Dies gehört zu den wichtigsten Tätigkeiten und Zuwendungen, um Geborgenheit zu vermitteln, damit das Kind vertrauensvoll in die neue Umgebung hineinwachsen kann. Ein ungestörtes Mutter-Kind-Verhältnis bildet die Voraussetzung dafür, daß sich Urvertrauen und eine natürliche Beziehungsfähigkeit entwickeln können.

Geborgenheit erfahren heißt aber auch sichere Grenzen spüren, die Schutz und Halt gewähren. Das Kind verlangt nach Grenzen, damit es Autonomie entwickeln kann. Grenzen zu spüren bedeutet aber auch, sich selber abgrenzen zu können, damit eine gesunde Ichentwicklung stattfinden kann. Der umgrenzte Raum, innerhalb dessen sich das Kind frei bewegen kann, muß dem Alter angemessen sein. Leben in einer ungesicherten Umgebung, die zu fremd und zu groß ist, löst Ängste aus, das Kind fühlt sich verloren und haltlos. Welche Auswirkungen *zu enge* Grenzen haben, zeigt das Beispiel von CLAUDIO. (S. 59.)

CLAUDIO ist 5/10 Jahre alt. Er umgibt sein Haus mit zwei halbkreisförmigen Umhüllungen. Die innere Hülle liegt sehr eng an, während die äußere etwas Raum frei läßt, so daß er eine Kopffüßlerfigur plazieren kann. Nach seinen Angaben handelt es sich um den jüngeren Bruder, der den Kindergarten noch nicht besuchen kann, während er selber seit einem Jahr hingeht. Er steht rechts neben dem Haus ohne Beine. Über ihm ist eine große Sonne mit freundlichem Gesicht, scharfen Zackenstrahlen und einem langen Arm, der auf das Haus weist. Mehrere der langen Zacken stehen in nur kleinem Abstand bedrohlich über seinem Kopf. Im Kindergarten fällt Claudio durch kleinkindliches Verhalten auf, er ist sehr unruhig und kann sich ins Kollektiv nur mit Mühe einordnen. Seine große motorische Unruhe sieht die Mutter als Folge einer schwierigen Schwangerschaft und eines Geburtstraumas. Diese Erschwernisse entschuldigen bis zu einem gewissen Grad das Verhalten der Mutter, die ihren Buben kaum aus den Augen läßt. Aus großer Unsicherheit und zum Teil übertriebenen Ängsten überhäuft sie ihre Kinder dauernd mit Anweisungen. Die langen scharfen Zacken der Sonne zeigen, daß Claudio diese übermäßige mütterliche Präsenz kritisiert, sie manchmal sicher auch als verletzenden Eingriff in seine persönliche Sphäre empfindet.

GABRIELA, 13/6 JAHRE (S. 69)

Das Haus und die beiden Menschen sind nicht altersgemäß gezeichnet. Bestätigt wird dies auch durch die schlecht gesteuerten Kritzelbewegungen. Der Versuch, genaue Details zu zeichnen, gelingt nur bei stark verkrampfter Handhaltung (Zackenstrahlen). Gelegentlich entstehen intensive Strichkonzentrationen, wie beim Hals des Bruders oder im Körper seiner Selbstdarstellung.

Das durch zwei Hüllen geschützte Haus spiegelt eindrücklich das Mutter-Kind-Verhältnis. Das Haus mit offener Fassade – dadurch werden Personen oder Einrichtungsgegenstände sichtbar – macht deutlich, wie verletzlich und beeinflußbar Claudio ist. Wenn die Aufgabenstellung dies nicht ausdrücklich verlangt, werden offene Häuser nur von Kindern gezeichnet, die sensibel, leicht verletzlich und stark beeinflußbar sind. Claudios Wesensart ruft, so empfindet es die Mutter, nach vermehrtem Schutz. Die doppelte Hülle um das Haus bestätigt das. Mit einem langen Arm nimmt die Sonne das Haus zusätzlich unter ihre Fittiche. Der kleine Bruder befindet sich noch im Schutz der Umhüllung. Sich selbst zeichnet Claudio außerhalb, da durch den Besuch des Kindergartens eine erste Trennung von der Mutter möglich wurde. Aber sie behält ihn im Auge und durch den Arm auch in ihrer Reichweite. Ohne Beine und Füße kann er sich nicht selbständig fortbewegen und bleibt deshalb weiterhin in einem Abhängigkeitsverhältnis zu ihr.

Bei diesem Beispiel handelt es sich weniger um Geborgenheit als um Überbehütung, die aus Ängstlichkeit und Verunsicherung eine natürliche Ablösung hinausschiebt oder sogar verhindert. Echte Geborgenheit kann auf übertriebene Schutzmaßnahmen verzichten. Sicherheit und Vertrauen seitens der Eltern übertragen sich auf das Kind und gewähren ihm die altersentsprechenden Freiheiten und Selbständigkeiten.

Die Zeichnung der nur zwei Monate älteren GISELA (S. 47) betont dies. Auch hier strahlt eine große Sonne, die am Geschehen Anteil haben will. Sie steht aber in der linken Ecke und hat dem Mädchen bereits einige selbständige Schritte zugetraut. Die kräftig ausgemalte Fassade, farblich in Übereinstimmung mit der Menschenfigur, zeugt für einen gesunden Selbstschutz und für Vertrauen, die die ersten Schritte der Ablösung problemlos ermöglichen. Zu eng gesetzte Grenzen, wie die dichten Umhüllungen die CLAUDIO erlebt, bewirken Abhängigkeit und Unselbständigkeit. Dies ist eine Mutter-Kind-Symbiose, die eine natürliche Persönlichkeitsentwicklung stark behindert.

Ein zentraler Konflikt

Eine ungewöhnliche Hausfassade zeichnet die elfjährige DOROTHEE. (S. 63) Der Hauskörper ist ohne Fenster. Diese werden in den Dachraum verlegt. Der Blick wird über eine mit kräftigen schwarzen Strichen gezeichnete Leiter ins Zentrum der Zeichnung zur ebenfalls schwarzen Türe geführt. Schwarze Querbalken trennen das Dachgeschoß vom Unterbau. Leblos, fast vergittert, wirkt das Mauerwerk. Hier ist kein Leben zu finden, es scheint nach außen, in die Blumenbeete beiderseits des Hauses verbannt.

Dorothee erlebte bei einem Autounfall den Tod ihrer damals 19jährigen älteren Schwester. Zählt man die Blumen nach, so sind es 19! Mit dieser unbewußten Darstellung möchte Dorothee wohl an die Verstorbene erinnern. Die Familie hat dieses Trauma noch immer nicht verarbeitet. Im

Armin, 11 Jahre (S. 28, 64f.)

Dorothee, 11 Jahre (S. 62, 64)

Unterricht flüsterte sie mir eines Tages, während ich ihr etwas erklärte, zu: «Wir feiern heute zu Hause den Geburtstag von Stefanie.»

Unübersehbar wie ein Fingerzeig weist die schwarze Leiter den Weg zum Eingang, einer im Gegensatz zu den Fenstern ebenfalls schwarz umrahmten Türe, die sich genau in der Mitte des Hauses befindet.

Die Auseinandersetzung mit diesem Verlust und die Schuldgefühle, die mit ihm verbunden sind, stehen für die ganze Familie im Zentrum. Das zur Sonne geöffnete Fenster der Dachlukarne mag ein Zeichen sein, daß Dorothee und die Familie Hoffnung schöpfen und sich allmählich wieder dem Leben zuwenden.

Eine verdrängte Konfliktsituation

Die Aufgabe, ein Phantasiehaus zu zeichnen, ist in der Zeichnung (S. 63) des elfjährigen ARMIN kaum erkennbar. Das nüchterne, nur mit drei Fensterschlitzen ausgestattete Haus wirkt leblos und kalt. Die kräftigen schwarzen Konturen der Bodenlinie und der Seitenwände wirken wie ein Trauerrand. Schwarz wiederholt sich auch im Sprungturm beim Schwimmbecken und in der großen, ans Haus angebauten Garage. Dieser viereckige Klotz, der genau im Zentrum des Zeichnungsblattes steht, erscheint geheimnisvoll, undurchsichtig, als enthalte er ein streng gehütetes Geheimnis. Der schwerzugängliche, tür- und fensterlose Anbau ist ein typisches Merkmal für den Pubertierenden. Sich absondern, Selbständigkeit demonstrieren und Geheimnisse hüten, gehören zu dieser Entwicklungsstufe. Das kleine, nur schwach gezeichnete Auto, das die Garage auf dem Hintereingang verläßt, deutet ebenfalls in dieser Richtung. Aus einer belastenden Situation möglichst unauffällig wegfahren – sich wegstehlen –, trifft auf Armins Situation zu.

In seinem Traumhaus spiegeln sich keine malerischen Phantasien, viel eher ist es ein bedrückendes Abbild seiner realen Lebenssituation. Dem dürftig ausgestalteten Haus fehlen die Türe, richtige Fenster und ein Kamin. Die schwarzen Querschlitze, die als Fenster dienen, erlauben keine Kommunikation, sie deuten vielmehr auf deren Verweigerung.

Doch gehen von dieser Zeichnung ganz starke Signale aus, die wie Hilferufe sind. Die drei hart aufeinanderstoßenden Farben Weiß, Rot und Schwarz sprechen für lastende, aber wenig bewußte Probleme, denen Armin gegenübersteht. Der Vater, ein Gastarbeiter, lebt nur zeitweise zu Hause. Die berufstätige Mutter ist mit der kinderreichen Familie überfordert. Im Unterricht sitzt Armin oft völlig geistesabwesend da. Er hat eine durchschnittliche Intelligenz und könnte dem Unterricht durchaus folgen. Seine Aufmerksamkeit ist aber häufig durch Inhalte abgelenkt, die mehr Einfluß auf ihn haben als der Lehrstoff.

Bilder, in denen die drei Farben Weiß, Rot und Schwarz so dominant auftreten wie in Armins Haus und Garage, sind typisch für Gestaltungen, die das Unbewußte produziert. Weiß symbolisiert die Unschuld, das klar Sichtbare, das im Gegensatz zum undurchschaubaren und furchterregenden Schwarz steht, welches das Unbewußte darstellt. Rot wiederum steht im Gegensatz zu Weiß und betont das Emotionale, Leidenschaftliche und Triebhafte. Zur Bedeutung dieser Farbkombination schreibt C. G. Jung, daß die Emotion die Hauptquelle aller Bewußtwerdung darstelle. Es sei keine

Wandlung von Finsternis in Licht möglich ohne Emotion.

In dieser Zeichnung ist das Ausweichen in einfache geometrische Formen besonders zu beachten, denn sie bewirkt eine ärmliche und seelenlose Gestaltung. Der Versuch, mit geradlinigen Formen ein Ordnungsprinzip zu betonen, entspringt dem Bedürfnis, chaotische Zustände, die das Individuelle bedrohen, in ein überschaubares Geschehen zu verwandeln.

Die Farben Weiß, Rot, Schwarz zeigen auch Florians Zeichnung. (S. 13) Eine unverhältnismäßig große und belastende Schwarzfläche bildet hier der Rauch. Es ist wie bei Armins Garage eine in sich geschlossene, geballte Masse, von der etwas Bedrohliches ausgeht. Schwarz deckt alles zu, verweigert jeden Durchblick. Auch bei Florian verbieten die Fenster und die Türe den Einblick ins Innere des Hauses. Was sich hinter den Mauern wirklich abspielt, wissen wir in beiden Fällen nicht genau. Der schwarze Rauch und die schwarze Garage geben nur Anlaß zu Vermutungen, daß hier unerlaubte oder verdrängte Bereiche bestehen. Sich heimlich wegzustehlen ist Armins Wunsch. Mangelnde Zuwendung und wenig Verständnis treiben ihn eine verführte Selbständigkeit.

Sarah, 6/10 Jahre (S. 76f.)

Die Schulreife

Das Schulreifealter fällt in das sechste bis siebte Lebensjahr. Die Schulreife zeigt sich in körperlichen und psychischen Merkmalen. Zu den äußerlichen, sichtbaren Kennzeichen der körperlichen Reife gehört meist ein Wachstumsschub und der Beginn des Zahnwechsels.

Die psychische Reife ist geprägt durch einen zunehmenden Realitätsbezug, vermehrte soziale Rücksichtnahme auf die Kameraden und die Entwicklung eines Aufgabenverständnisses, welches an Stelle des ziel- und zweckfreien Spiels im Vorschulalter tritt.

Beim normalen und gesunden Spiel darf sich die Schulreife nicht nur auf die Entwicklung der intellektuellen Fähigkeiten reduzieren. Gleichzeitig sollten auch die emotionale und soziale Reife altersgemäß entwickelt sein. Mangelnde Schulreife kann verschiedene Ursachen haben, je nachdem, ob es sich um intellektuelle, emotionale oder sozialkulturelle Gründe handelt. Eine sorgfältige Abklärung muß feststellen, welches die Ursachen sind. Dann kann entschieden werden, ob die Einweisung in eine Einschulungsklasse – der Lehrstoff des ersten Schuljahrs wird auf zwei Jahre verteilt – angezeigt ist, oder ob allenfalls noch im Kindergarten eine heilpädagogische oder logopädische Förderung den Schuleintritt vorbereiten und unterstützen soll. Vor allem wegen Auffälligkeiten oder Abweichungen im Bereich der sprachlichen, emotionalen und sozialen Reife sollten Eltern und Kindergärtnerinnen frühzeitig miteinander ins Gespräch kommen. Handelt es sich um das erste Kind, haben Eltern häufig keine Vergleichsmöglichkeiten. Sie werden verunsichert, weil sie ihr Kind immer nur mit den Nachbarskindern vergleichen. Das Gespräch mit der Kindergärtnerin, die das Kind in verschiedensten Spiel- und Tätigkeitsphasen in der Einzel- und Gruppensituation kennengelernt hat, sollte jeder Abklärung vorausgehen. Leider stoßen Kindergärtnerinnen immer wieder auf massiven Widerstand und ängstliche Reaktionen, wenn sie den Eltern wegen des bevorstehenden Schuleintritts nur die leisesten Zweifel anmelden und eine fachliche Abklärung in Erwägung ziehen.

Für eine objektive Beurteilung der Schulreife sind neben der Kindergärtnerin auch der Kinder- oder Hausarzt, der im Idealfall eben auch die Familie kennt, der Schularzt oder der Schulpsychologe die zuständigen Ansprechpartner für die Eltern.

Neben der Menschenzeichnung ist es wiederum die Hauszeichnung, welche sehr deutlich Auskunft gibt, wie es um die Schulreife steht. Alle vier Bereiche, die körperliche, geistige, charakterlich-soziale Reife und die Arbeitshaltung finden sich in der Hausdarstellung. (Tab. S. 68.)

Schulreife

GISELA, 6 Jahre. (S. 47) In Giselas Zeichnung finden sich alle Merkmale, welche die Schulreife kennzeichnen. Die Aufgabenstellung Sonne – Haus – Mensch vermehrt die Aussagemöglichkeiten, weil die Menschenfigur als Vergleichsobjekt hinzugezogen werden kann. Haus und Mensch stehen bei Gisela in enger Übereinstimmung, sowohl in Größe

SIMON, 6/5 JAHRE (S. 67)

als auch in Farbe. Das Haus, mit quadratischem Baukörper und allen nötigen Details ausgestaltet, entspricht der Leistung eines schulreifen Kindes.

Schulunreife

SIMON, 6/5 Jahre. (S. 67) Als Simon eingeschult werden sollte, zeichnet er zum Thema Sonne – Haus – Mensch alle Objekte sehr dürftig. Wichtige Teile fehlen, dem Menschen die Arme, dem Haus die Fenster und den Pflanzen die Blätter. Die winzig kleine Sonne ist auf dem grauen Papier kaum zu sehen. Die Hausdarstellung entspricht der Leistung eines ungefähr Vierjährigen. (Tab. S. 68) Der fensterlose Bau steht leicht schief, wie auch die beiden Personen, Simon und sein Bruder. Eine kleine Tür mit großem Griff ist erhöht über dem Boden ohne Schwelle, so daß durch sie das Haus nicht betreten werden kann. Ein erschwerter Zugang kann auf ein Problem in der Sprachentwicklung hinweisen.

Bei Simon trifft das zu. Er stellt sich auf die gleiche Stufe wie sein kleiner Bruder, was er deutlich ausdrückt durch die gleiche Größe der beiden Personen, die sich auch in der Ausgestaltung nicht voneinander unterscheiden. Die beiden sind mit je einem Fuß wie siamesische Zwillinge zusammengewachsen. Die beiden Kinder stehen links vom Haus im Gegensatz zu GISELA, die ihre Menschenfigur rechts vom Haus, auf der zukunftsorientierten Seite plaziert hat. Mit der Linksplazierung deutet Simon an, daß er noch nicht bereit ist, den Schritt in Neues zu wagen.

Eine weitere Bestätigung für diese Haltung fand ich in sogenannt «leeren Häusern», denen häufig die Fenster fehlen oder deren Türen und Fassaden nicht ausgemalt sind. Diese Art Hauszeichnung traf ich immer wieder bei Kindern, die aus den verschiedensten Gründen die Schulreife noch nicht erreicht hatten oder bei sehr schwachen Erstkläßlern in Sonder-A-Klassen.

Merkmale in der Hauszeichnung für die Schulreife
(siehe auch Tabelle Seite 58)

Körperliche Reife
Normale Entwicklung der Sinnesorgane und der Sprache.

Ausgewogene Proportionen, klare Anordnung von Fenstern und Türe.

Charakterlich, soziale Reife
Selbstvertrauen

Haus nicht zu klein im Verhältnis zum Format des Blattes.

Kontaktfähigkeit
Belastbarkeit

Mindestens zwei Fenster und eine Türe.
Stabile Hauswände.

Geistige Reife

Wahl des Gebäudes, Haus, Kirche, Höhle.

Nachahmungsfähigkeit
Vorstellungsvermögen
Auffassungsgabe
Selbständigkeit

Haus mit wichtigsten Details, die klar erkennbar sind.
Straffer, elastischer Strich.
Zeichnet ohne ständige Rückfragen.

Arbeitshaltung
Aufgabenverständnis
Ausdauer
Bemühen, Einsatzbereitschaft

Vollständige Zeichnung.
Arbeitet ohne ständige Unterbrechung.
Sorgfältige Ausführung, auch bei Details.
Ausgemalte Flächen.

Zur Beurteilung der Schulreife empfiehlt sich die Aufgabenstellung: Sonne – Haus – Mensch. Nähere Angaben dazu in: Erika Urner, «Kinder sprechen in Schrift und Zeichnung».

Lern- und Leistungsstörungen

Verschiedene Lernstörungen

Lernstörungen, die im Verlaufe der Schulzeit auftreten, sind nichts Außergewöhnliches, solange sie sich in einem gewissen Rahmen halten. Vieles kann vom Lehrer aufgefangen werden. Aufgrund verschiedener Ursachen können aber die Voraussetzungen für einen erfolgreichen Lernprozeß beeinträchtigt sein, so daß sonderpädagogische Maßnahmen erforderlich sind. Dazu zählen:

– geistige Behinderungen
– neurophysiologische Dysfunktionen (z. B. Wahrnehmungsstörungen)
– ungünstige Erziehungseinflüsse
– neurotische Mechanismen (z. B. Pseudodebilität)
– Lernmethoden, die den Voraussetzungen des Kindes nicht entsprechen
– Fremdsprachigkeit.

Geistige Behinderungen
Es sollen hier nur einige Hinweise zu jenen Grenzfällen gegeben werden, die trotz schwachen Leistungen noch schulbildungsfähig sind, aber in einer Normalklasse dem Unterricht nicht mehr folgen können. Es handelt sich um eine Entwicklungsbeschränkung der Denkprozesse. Der geistig Behinderte hat ein konkret bildhaftes Denken. Abstrakte Vorgänge und das Erfassen von komplexen Zusammenhängen sind ihm nicht möglich. Er ist fixiert auf gewohnte Abläufe und Schemata. Er lernt mechanisch, hat dafür aber manchmal ein sehr gutes Gedächtnis. Es fehlt ihm an eigenen Einfällen. (Abb. S. 61)

Ungünstige Bedingungen für die schulischen Anforderungen bringen Kinder mit, die wegen neurophysiologischen Dysfunktionen Wahrnehmungs- und Prozeßdefizite aufweisen. (RONI, S. 50) Je nach dem Schweregrad der Störung fehlen ihnen die notwendigen Voraussetzungen, um Lesen, Rechnen und Schreiben zu lernen. Spätestens die Schulreifeerklärung konfrontiert die Eltern mit dieser Tatsache. Es fällt ihnen verständlicherweise schwer, eine Störung ihres Kindes zu bejahen, die eine erfolgreiche Schulzeit in Frage stellt. Sie klammern sich an die Hoffnung, es werde alles vielleicht doch weniger schlimm sein und es könnten dann immer noch Maßnahmen getroffen werden, wenn der Schuleintritt erfolgt sei. Da die Einweisung in eine Einführungsklasse sowie sonderpädagogische Förderungen nur mit Zustimmung der Eltern durchgeführt werden können, tragen sie hier eine große Verantwortung. Die Kindergärtnerin, die das Kind während ein bis zwei Jahren beobachtet hat und kennt, hat Erfahrung und kann im Zweifelsfall Eltern raten, das Kind für eine Abklärung anzumelden. Eine sorgfältige Einschulung, die je nach der Störung von gezielten therapeutischen Maßnahmen begleitet wird, können ein Kind vor dem Versagen bewahren.

Lernmethoden
Lern- und Leistungsstörungen sind in vielen Fällen Folgeerscheinungen, die wir häufig selber produzieren, weil wir ungeduldig sind, unsorgfältig oder falsch abgeklärt haben, Symptome nicht erkennen oder zu wenig ernst nehmen, oder mit einer nicht passenden Lehrmethode ein Ziel erreichen wol-

len, das zu hoch gesteckt ist und den Möglichkeiten des Kindes nicht gerecht wird.

Ungünstige Erziehungseinflüsse
Unter diesem Sammelbegriff läßt sich manches einordnen. Der Erziehungsstil wird durch viele Faktoren geprägt: Eine Rolle spielt dabei die Herkunft der Eltern, die wiederum beeinflußt sind durch Erziehungsmuster, die sie selbst erlebt haben, das soziale Umfeld, die Wohnregion und die jeweilige Familienstruktur.

Wie ich bereits dargestellt habe, spiegeln sich in der Hauszeichnung einige Erziehungseinflüsse. Im Kapitel über die Rauchformen, erfuhren wir etwas über die häusliche Atmosphäre. Diese beeinflußt in hohem Maß die Motivation, mit der ein Kind zur Schule geht. Ein frohes gutgelauntes Kind, das zu Hause ein entspanntes Klima erlebt, kann sich besser konzentrieren und ist auch belastbarer. Spannungen und Streit lenken das Kind ab und vermindern seine Aufmerksamkeit, eine schlechte Voraussetzung, um in der Schule dem Unterricht zu folgen. (Dorothee, S. 63) Auch wenn Eltern das Gefühl haben, sie hätten ihre Probleme von den Kindern ferngehalten, spüren diese die Sorgen und Belastungen. Häufig weisen dunkle Sorgenwolken auf ein anstehendes Problem hin, auch wenn die Sonne noch ein freundliches Gesicht zeigt. (Carmen, S. 37) Das Gesicht, das die Hausfassade nach außen zeigt, verrät oftmals bei näherem Hinsehen mehr, als wir auf den ersten Blick auf der Zeichnung erkennen können. (Carmen, Dorothee, Armin.)

Das Haus ist nur ein Glied in einer Kette von Abklärungsmöglichkeiten. Es kann aber wertvolle Hinweise geben, in welcher Richtung noch gründlicher untersucht werden muß, um den Ursachen von Störungen auf den Grund zu kommen. (Hatice, S. 43)

Wahrnehmungsstörungen
Roni, 7 Jahre. (S. 50) Seine Zeichnung wurde im Kapitel über die verschiedenen Rauchformen kurz vorgestellt. Alle drei Objekte, das Haus, die Menschenfigur und der Wagen, fallen nicht nur in der Formgebung, sondern vor allem auch in der Strichgestaltung auf. Als Ganzes entspricht die Zeichnung nicht der Leistung eines Siebenjährigen, der vor dem Schuleintritt steht. Es sind in erster Linie die erwähnten Abweichungen, die zu Fragen Anlaß geben. Dazu kommt eine weitere Auffälligkeit: Roni ist *Linkshänder*. Dies wird unter anderem deutlich in der Anordnung der einzelnen Elemente, die von rechts nach links verlaufen: der Kamin, mit nach links wegziehendem Rauch, die Menschenfigur, die nach links geht und den Wagen auch in diese Richtung stößt. Das sind weitere Merkmale, die die Linkshändigkeit kennzeichnen. Disproportionen finden sich im Haus bei der einseitigen Gestaltung der Fassade und der bereits früher beschriebenen schwer lastenden und bedrohlich absinkenden Rauchmasse. Schlechte Proportionen wiederholen sich auch in den asymmetrischen Körperteilen des Menschen. Selbst der Schubkarren hat zwei ungleich große Räder.

Der unsichere, häufig abgesetzte und zum Teil schlaffe, schlechtgesteuerte Strich lassen die Formen verzerrt und hilflos erscheinen.

Diese Auffälligkeiten sowie die Linkshändigkeit können darauf hinweisen, daß es sich bei Roni um eine hirnorganisch bedingte Wahrnehmungsstörung handelt. Wenn Linkshändigkeit mit den erwähnten Störungsmerkmalen einhergeht, ist diese häufig durch ein Geburtstrauma erworben. Eine mangelhafte Sauerstoffversorgung des Hirns kann zum Ausfall der für das Zeichnen und Schreiben bestimmten linken Hirnhälfte führen. Diese ist u. a. verantwortlich für die

Leistungen der rechten Hand. Die rechte Hirnhälfte übernimmt dann die Aufgaben, welche die linke Seite nicht erfüllen kann. Die Folge dieser Umstellung ist Linkshändigkeit.

Diese erworbene Linkshändigkeit steht im Gegensatz zur ererbten Linkshändigkeit. Solche Linkshänder fallen in ihren Zeichnungen häufig durch besondere Begabung im graphischen Ausdruck auf (GISELA). In ihren Familien finden sich meist unter den Geschwistern, bei den Eltern oder Großeltern weitere Linkshänder. Der künstlerisch begabte Linkshänder verdankt sein Geschick der intensiven Nutzung seines guten Raumvorstellungsvermögens und der Phantasie, für die die rechte Hirnhälfte zuständig ist.

Unter den großen Malern verschiedenster Epochen finden sich viele Linkshänder: Leonardo da Vinci, Michelangelo, Paul Klee, Pablo Picasso.

Neuere Untersuchungen haben jedoch gezeigt, daß auch hirnorganisch bedingte Wahrnehmungsdefizite vererbbar sind.

Hirnorganisch bedingte Störungen äußern sich nicht nur in schlechten feinmotorischen Leistungen. Betroffen sind oft auch die Aufnahme und Verarbeitung von Wahrnehmungsprozessen. Sensorische Reize können im taktil-kinästhetischen (Tastbereich), im akustischen oder visuellen Bereich nicht sinngebend verarbeitet werden. Bestehen beispielsweise Ausfälle im Tastbereich, so greift das Kleinkind wie jedes andere Kind auch nach den verschiedensten Gegenständen, aber die Erfahrung ob rund, eckig, spitz etc., die über den Tastsinn zum Hirn geleitet wird, kann dort nicht verarbeitet werden. Fehlt eine Grunderfahrung, können darauf keine weiteren Erfahrungsschritte aufbauen.

Welche Bereiche geschädigt sind, kann nie aus einer einzelnen Zeichnung ermittelt werden. Dazu sind umfassende Abklärungen nötig. Auffälligkeiten, wie sie bei RONI erscheinen, sind jedoch deutliche Hinweise, die unbedingt eine nähere Untersuchung erfordern. Die dürftige, aus Vierecken aufgebaute Menschenfigur ohne Gleichgewicht dürfte auf ein massives Defizit in der Körperwahrnehmung hinweisen. Ronis Schwierigkeiten in der Formerfassung und Formwiedergabe werden sich erfahrungsgemäß beim Lesen- und Schreibenlernen als große Hindernisse erweisen. Es fehlen ihm wichtigste Voraussetzungen für diese Lernprozesse.

Massive Störungen, wie in diesem Beispiel, sind im graphischen Ausdruck schon sehr früh erkennbar. Mit einer Abklärung dürfte in einem solchen Fall nicht bis zum Schuleintritt gewartet werden, da eine gezielte Therapie zuerst die Voraussetzungen schaffen muß, damit Lernen überhaupt möglich wird.

Pseudodebilität

Es handelt sich um eine Lern- und Leistungshemmung, die durch nicht bewältigte Probleme entsteht. Hans Zulliger kommt in «Die Angst unserer Kinder» (Klett 1966) zum Schluß, daß er in allen Fällen von Pseudodebilität, die er untersuchen konnte, Angst als Hauptgrund beobachtete. «Angst macht dumm», sagt er.

Vom debilen unterscheidet sich das pseudodebile Kind durch eine normale Intelligenz. Lern- und Leistungsverhalten genügen aber den zu erwartenden Anforderungen nicht, weil Aufmerksamkeit und Motivation durch die seelische Belastung mit Problemen oder Konflikten herabgesetzt sind. Solche Schüler können dem Unterricht

Renate, 9 Jahre (S. 73)

nicht oder nur noch teilweise folgen: sie haben abgehängt. In einer sorgfältigen Untersuchung muß in jedem einzelnen Fall nach den Ursachen geforscht werden, denn es kann sich unter Umständen um weit zurückliegende Ereignisse handeln. Neben angstauslösenden und traumatischen Erlebnissen außerhalb der Schule, können es auch ungünstige Schulsituationen und verfehlte Lernexperimente sein, die Pseudodebilität hervorrufen.

Immer wieder konnte ich beobachten, daß Kinder, die zu früh eingeschult wurden, überfordert sind und darauf mit einem Verlust von Selbstvertrauen reagieren, weil sie trotz normaler Intelligenz versagen. Mit der Einstellung, «ich kann es ja doch nicht», bringen sie den Mut gar nicht mehr auf, eine neue Aufgabe anzupacken und bleiben deshalb im Lernprozeß stehen.

In ähnlicher Weise reagieren Kinder auf zu intellektuelle Stoffvermittlung, da sie zu Beginn der Einschulung noch ganz dem bildhaften Denken verhaftet sind, wie sie es vom Kindergarten her gewohnt sind.

Für manche Kinder wirkt sich auch häufiger Lehrerwechsel negativ aus. Sie erleben das wie ein mehrmaliges Umtopfen. Eine neue Umgebung, neue Kameraden, ein neuer Lehrer, vielleicht auch ein ganz anderer Unterrichtsstil können zu einer Überforderung führen und Ängste auslösen, so daß zur Aufnahme des Lehrstoffs kein Platz ist. Das pseudodebile Kind bleibt auf der

Strecke, es ist blockiert oder retardiert sogar. Mehrere Merkmale für eine solche Blockierung weist die Zeichnung der neunjährigen RENATE (S. 72) auf. Das Haus entspricht der Leistung eines Schulanfängers. Die breiten Konturen verleihen ihm etwas Starres und Lebloses. Ähnliches wiederholt sich in der Menschenfigur. Große, aufgerissene Augen sind staunend auf den Betrachter gerichtet. Mund und Nase fehlen, das Kind ist stumm. Mit eng an den Körper anliegenden Armen und großen schweren Füßen steht es wie angewurzelt da. Der kleine Teich neben dem Haus wird wohl von einem Zufluß gespeist, aber ein Abfluß fehlt, auch hier eine Stauung. Renate überrascht immer wieder durch intelligente Bemerkungen. Ehe sie sich aber an neue Aufgaben wagt, benötigt sie viel Aufmunterung. Häufig sitze sie völig abwesend da, erklärt die Lehrerin, so daß sie Anweisungten, die der ganzen Klasse gelten, gar nicht aufnimmt.

Die Vermutung, daß auch Renate von Ängsten geplagt wird, drängt sich auf. Was verschweigt sie?

Die Merkmale der abgebildeten Zeichnung, die Symbole auf weiteren Darstellungen und die Aussagen der Lehrerin deuten auf sexuellen Mißbrauch hin. Merkmale, die sexuellen Mißbrauch oder andere Kindsmißhandlungen hinweisen, beschränken sich nicht auf die Hauszeichnung. Die Darstellungsweise weiterer Objekte muß berücksichtigt werden.

Es sei an dieser Stelle auch vor voreiligen Schlüssen gewarnt. Gültige Aussagen dürfen erst dann erfolgen, wenn sich die Merkmale immer wieder in Zeichnungen aufzeigen las-

ROLF, 11 JAHRE (S. 74 f.)

sen. Vieles präsentiert sich viel weniger offensichtlich als gemeinhin angenommen wird. Gerade in diesem Bereich stoßen wir auf verschlüsselte Botschaften, die nur mit gründlicher Sachkenntnis gedeutet werden können.

Teilleistungsschwächen

ROLF, 11 Jahre. (S. 73) Rolf kam mit seiner Mutter in die Beratung. Der Viertklaßlehrer riet zu diesem Schritt, da alle Versuche scheiterten, Rolf von seiner minutiösen kleinen Schrift abzubringen. Rolf wirkte für seine elf Jahre noch sehr kindlich, überaus angepaßt und etwas scheu. Er schrieb tatsächlich außerordentlich klein und eng, aber sehr sorgfältig. Ich ließ ihn u. a. auch eine Zeichnung zum Thema Sonne – Haus – Mensch ausführen. Er arbeitete über eine halbe Stunde an der Zeichnung. Seine Hausdarstellung entspricht bezüglich Sorgfalt und Ausgestaltung seiner Handschrift. Eine Fleißleistung, übermäßig kontrolliert und exakt ausgeführt.

Besonders auffallend ist die Zweiteilung des Hauses, die sich in der Haustüre und im Körper der Menschenfigur wiederholt. Weder das Haus noch die Person sind zeichnerische Leistungen eines Elfjährigen. Haus- und Menschenkörper sind aus starren, schemenhaften Rechtecken konstruiert. Vor allem der Menschenfigur fehlen differenziertere Körperstrukturen.

Während Rolf zeichnete, erzählte die Mutter, daß sie mit dem um vier Jahre älteren Sohn große Schulprobleme hatte. Ein massives *POS* (eine hirnorganische Störung) habe seine schulischen Leistungen überschattet, aber auch sein unruhiges Verhalten habe zu Hause und in der Schule immer wieder für Probleme gesorgt.

Rolf wurde in der Unterstufe in eine Kleinklasse versetzt, weil er Konzentrationsstörungen hatte und übermäßig ablenkbar war. Zum Zeitpunkt der Beratung besuchte er eine normale vierte Klasse. Er bewältigte den Lehrstoff recht gut, bestätigte auch der Lehrer, aber er sei immer noch äußerst ablenkbar, zwar fleißig, aber langsam. Er entwickelte sich mehr und mehr zu einem Perfektionisten. Was steckt dahinter?

Rolf hat wenig Selbstvertrauen. Die Eltern sind sehr besorgt, weil sie befürchten, es könnten sich bei ihm ähnliche Schulprobleme entwickeln, wie bei seinem älteren Bruder. Sie möchten ihn davor bewahren und setzen ihn durch viel Kontrolle und straffe Zeiteinteilung ziemlich stark unter Druck. Rolf strengt sich übermäßig an, hat Angst etwas falsch zu machen, und versucht deshalb mit möglichst sorgfältigen Fleißarbeiten den Erwartungen zu genügen. Die kleine Schrift legt für diese Haltung ein deutliches Zeugnis ab. Hinter dem Perfektionismus stehen übermäßige Kontrolle und eine Anstrengungsbereitschaft, die bis zur Verkrampfung reicht. Eine Haltung, die versucht, Schwächen zu kompensieren.

Die erwähnten Merkmale seiner Handschrift wiederholen sich in der Zeichnung. In sich geschlossene Einzeldarstellungen, bestehend aus kleinen, exakten, meist eckigen Formen, kräftigem, häufig unterbrochenem Strich und starkem Druck und die Neigung zu perfektionistischer Darstellungsweise sind typisch für Kinder mit Teilleistungsschwächen. Diese Merkmale weisen auf eine einseitige Leistung der linken Hirnhälfte hin. Die Funktionen der rechten Hirnhälfte, die verantwortlich sind für ein ganzheitliches Erfassen von Zusammenhängen, für phantasievolle Einfälle und für die Aufrechterhaltung von erlernten Systemen, werden zugunsten der linken vernachlässigt.

Der Ausdruck von rechtsdominanten Hirnfunktionen äußert sich in großen runden Formen, großzügigen Anordnungen mit zentripetalen Bewegungen, weichem, unabgesetztem Strich und raumfüllenden Darstellungen. (CLAUDIA, S. 33) Perfektionistische Darstellungen und Zweiteilungen, wie sie sich im Haus und in der Menschenfigur von ROLF zeigen, konnte ich immer wieder an Kindern beobachten, bei denen einseitig nur die linke Hirnhälfte aktiviert ist. Über diese Lernstörungen, die auf eine Unterfunktion der rechtsseitigen Hirnleistungen zurückzuführen sind, täuschen solche Kinder durch gewandten sprachlichen Ausdruck hinweg. Komplizierte Abläufe werden erklärt, können aber nicht in Handlungen umgesetzt werden. Sobald diese Kinder mit sprachfreien Lernmethoden konfrontiert werden, stehen sie ihnen hilflos gegenüber und können keine Erfahrungen ableiten.

Teilleistungsschwächen müssen auf dem Hintergrund der Neuropsychologie definiert werden. Die Leistungen des Hirns und die Veränderungen, die es durch die Lernprozesse erfährt, sind so vielseitig und geheimnisvoll, daß jeder einzelnen Störung etwas Einmaliges anhaftet und nur aus der Gesamtschau aller Symptome betrachtet werden kann. Auch hier gilt wieder einmal: Die Merkmale einer Zeichnung sollen als hilfreiche Hinweise für weitere und differenziertere Abklärungen ernstgenommen werden.

Es ist nicht auszuschließen, daß Rolf, da er zum Teil ähnliche Schwierigkeiten hat wie sein älterer Bruder, gewisse Veranlagungen ererbt hat. Sie sind verantwortlich für einzelne Schwächen seiner schulischen Leistungen. Hemmend wirkt sich aber die Überforderungssituation aus, in die er gedrängt wird, weil er die Erwartungen der Eltern nicht enttäuschen will.

Ich riet den Eltern, Rolf in der Maltherapie anzumelden, die von der Schule angeboten wird. Sie kann ihm helfen, sich von den kleinen zwanghaften Formen zu befreien, weil beim Malen auf großformatigem Papier, eine perfektionistische Ausführung weniger möglich ist.

Autismus

Es handelt sich um eine schwere chronische Verhaltensstörung, wobei die Einschränkung der zwischenmenschlichen Beziehungsfähigkeit eine einseitige Selbstbezogenheit hervorruft. Die charakteristischen Symptome treten vor dem 30. Lebensmonat auf.

Das autistische Kind lebt in einer Eigenwelt, in der es wie durch eine unsichtbare Wand von Außenbeziehungen abgeschnitten bleibt. Kontakte zu Mitmenschen sucht es nicht. Emotionale Zuwendungen, Berührungen, Umarmungen wehrt es ab, und es nimmt auch keinen Blickkontakt auf.

Die Sprachentwicklung ist verzögert. Auffallend ist Echolalie (echohaftes Nachsprechen), ohne aber das Nachgesprochene sinnvoll anzuwenden. Die Ichform wird verspätet benützt.

Manche Kinder zeigen Angst vor lauten Geräuschen, während sie selber durch schrilles Schreien auffallen können.

Ortsveränderungen lösten Angst und Verunsicherung aus. Durch Zwangsrituale (auf die genau gleiche Weise, sich ständig wiederholende Handlungen) werden Autisten in ihren Verhaltensweisen stark eingeschränkt.

Im Spiel entwickeln sie autonome und stereotype Aktivitäten. Zu einzelnen Lieblingsgegenständen kann eine intensive Bindung entstehen.

THOMAS, 5/8 JAHRE (S. 77)

Zu den besonderen Merkmalen gehören bei manchen Kindern originelle Einfälle und Phantasien, isolierte Spitzenleistungen oder ein hervorragendes Gedächtnis.

Ursachen: Über Ursachen, die das Autismussyndrom auslösen, herrscht in der Wissenschaft noch viel Unklarheit. Aufgrund der Symptomatik sind bisher aus folgenden Beobachtungen Rückschlüsse möglich.

- Durch eine Störung in der Wahrnehmungsverarbeitung weichen diese Kinder auf niedrigere Reize wie Riechen und Tasten aus.
- Eine frühkindliche Hirnschädigung kann ebenfalls zum auslösenden Faktor werden.
- Ein normales Kind kann interauterin, perinatal oder postnatal (vor, während und nach der Geburt) bis zum 30. Monat eine Hirnschädigung erleiden.
- Die Annahme einer frühen Störung der Mutter-Kind-Beziehung wird heute abgelehnt.
- Neueste Forschungen gehen davon aus, daß es sich um eine Störung im Hirnstoffwechsel handelt.

Im Kindergarten und in der Schule sind nur Kinder mit leichten autistischen Zügen anzutreffen. Kinder mit schweren Störungen schaffen den Schritt in eine Gemeinschaft nicht.

SARAH, 6/10 Jahre. (S. 65) SARAH ist ein sehr stilles, in sich gekehrtes Mädchen. Sie vermeidet Blickkontakt, sitzt oft selbstver-

Jan, 7 Jahre (S. 77)

gessen da. In ihrer Zeichnung finden sich typische Merkmale einer Verhaltensweise, die durch autistische Züge geprägt ist. Die einzelnen Objekte stehen isoliert, ohne gegenseitige Beziehung zueinander im Raum. Die Menschenfigur ist schemenhaft und puppenartig. Sie erinnert an einen Hampelmann, der sich nur mechanisch bewegt, weil er von außen gesteuert wird und keinem eigenen inneren Antrieb folgt. Die Neigung zu perfektionistischer Darstellung, wie sie das Haus zeigt, ist ein bildhafter Ausdruck für zwanghafte Verhaltensmuster.

Weitere typische Merkmale für Kinder mit autistischen Zügen finden sich in der Zeichnung Seite 76. Hier sind es skurrile Wesen, «Geister», erklärte Thomas, die auffallen. Die Objekte sind nicht nur vereinzelt über den ganzen Raum verstreut, sie haben auch keine Beziehung zueinander. Das Haus beispielsweise wirkt durch den umhüllenden Kreis isoliert. Das Gefangensein in einer für Außenstehende schwerverständlichen Eigenwelt zeigt sich hier sehr deutlich.

Kinder mit autistischen Zügen reagieren oft überempfindlich auf Körperberührungen. Die langen ausgespreizten Hände auf Sarahs Zeichnung deuten auf eine Abwehr von Berührungen hin.

Eine andere Form, sich nach außen gegen Einflüsse und Berührungen zu schützen, zeigen die dicken, violetten Mauern, die sich im Dach noch fortsetzen. In dieser Hauszeichnung des siebenjährigen Jan (S. 77), wird auch die Kommunikationsverweigerung deutlich. Die beiden untersten Fenster sind durch Kreuze und Vergitterungen gesichert. Die drei oberen Fenster wirken leer, wie blinde Flächen, die nichts einlassen. Die Haustüre ist durch kräftiges Ausmalen ebenfalls verschlossen. Für die äußere Abgrenzung des Hauses bevorzugt Jan violett. Autisten und Kinder mit autistischen Zügen bevorzugen diese Farbe. Oft wird sie als einzige Farbe akzeptiert, oder sie dominiert in den Zeichnungen.

Schlußwort

«Das Symbol erweckt Ahnungen, die Sprache kann nur erklären.» Diesen Gedanken J. J. Bachofens möchte ich unterstreichen. Beim Versuch, Kinderzeichnungen zu interpretieren, werden immer wieder Grenzen spürbar. Viele Zeichnungen sprechen für sich selber, es bedarf keiner deutenden Worte. Dort aber, wo Kinder in ihren Gestaltungen aus ihrem tiefsten Erleben schöpfen, müssen wir uns behutsam und mit Sachkenntnis einfühlen. Wie die Beispiele zeigen, bietet sich im Haus ein Objekt an, das uns wie ein Eingangstor in die Welt des Kindes den Zutritt öffnet. Kinder zeichnen in allen Altersstufen bereitwillig Häuser und empfinden diese Aufgabe auch nicht als schwierig. Sie fühlen sich beim Zeichnen auch nicht in einer Testsituation. Das erhöht die Aussagemöglichkeiten, weil sich die Kinder unbelastet fühlen und deshalb spontaner arbeiten. Meistens können zu Vergleichszwecken auch schon vorhandene Zeichnungen hinzugezogen werden, was eine genauere und umfassendere Interpretation ermöglicht.

Die Hauszeichnung kann zu heilpädagogischen, psychologischen, erzieherisch-pädagogischen, sozialen und gesundheitlichen Fragen und Problemen Auskunft geben. Das Kind kann dem Haus viele weitere Elemente hinzufügen. Menschen, Tiere, eine Landschaft können das Bild bereichern und zusätzliche Informationen liefern.

Die Anleitungen und Beispiele möchten den Leser dazu anregen, sich gründlich in die Welt der Kinderzeichnungen zu vertiefen, sich die Sachkenntnisse zu erwerben, um nicht bei einer vorschnellen Deuterei stehenzubleiben.

Kinderzeichnungen sind Lebensspuren. Ihnen sollten wir uns mit Ehrfurcht nähern.

Literatur

Ayres, Jean: *Bausteine der kindlichen Entwicklung*, Springer, Berlin 1984

Bachofen, J. J.: *Mutterrecht und Urreligion*, Kröner, Leipzig 1927

Bächtold-Stäubli, H.: *Handwörterbuch des deutschen Aberglaubens*, de Gruyter, Berlin und Leipzig 1936/37

Beit, Hedwig: *Symbolik des Märchens*, Franke, Bern 1981

Flitner, Andreas: *Das Kinderspiel*, Piper, München 1978

Haas, Germaine: *Symbolik und Magie in der Urgeschichte*, Haupt, Bern 1992

Hentze, Carl: *Das Haus als Weltort der Seele*, Klett, Stuttgart 1961

Itten, Johannes: *Kunst der Farbe*, O. Maier, Ravensburg 1970

Jung, C. G.: *Erinnerungen, Träume, Gedanken*, Rascher, Zürich 1962

Jung, C. G.: *Von den Wurzeln des Bewußtseins*, Rascher, Zürich 1954

Kehrer, Hans E.: *Autismus*, R. Aranger, Heidelberg 1989

König, Marie E. P.: *Unsere Vergangenheit ist älter*. S. Fischer, 1980

Lurker, Manfred. *Der Kreis als Symbol*, Wunderlich, Tübingen 1981

Riedel, Ingrid: *Farben*, Kreuz Verlag, Stuttgart 1983

Riedel, Ingrid: *Formen*, Kreuz Verlag, Stuttgart 1985

Urner, Erika: *Kinder sprechen in Schrift und Zeichnung*, Orell Füssli, 1983

Weiss, Richard: *Volkskunde der Schweiz*, E. Rentsch, Erlenbach 1978

Zulliger, Hans: *Die Angst unserer Kinder*, Klett, Stuttgart 1966

Erika Urner arbeitet als selbständige Graphologin mit eigener Praxis in Zürich. Sie unterrichtet im Rahmen der Fortbildung am Heilpädagogischen Seminar in Zürich und erteilt im In- und Ausland Kurse zur Interpretation von Kinderzeichnungen. In ihren Beratungen für Kinder und Erwachsene berücksichtigt sie in der Graphologie und bei den Zeichnungen tiefenpsychologische und heilpädagogische Aspekte. Erika Urner ist verheiratet und Mutter dreier erwachsener Söhne. In der Reihe «wir eltern» erschien von ihr das Buch «Kinder sprechen in Schrift und Zeichnung».